GÉNÉALOGIE HISTORIQUE

DE LA MAISON

ROBERT DU DORAT.

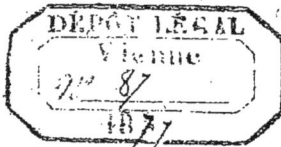

GÉNÉALOGIE HISTORIQUE

DE LA MAISON

ROBERT DU DORAT

PAR

Henri AUBUGEOIS de la VILLE DU BOST

POITIERS
IMPRIMERIE DE H. OUDIN FRÈRES,
4, RUE DE L'ÉPERON, 4
1877

La maison Robert du Dorat a été illustrée par de nobles alliances et de hauts emplois ; mais elle doit surtout sa célébrité aux travaux du lieutenant général Pierre Robert, historien de *la Marche, du Limousin* et *du Poitou.*

Elle se rattache par ses origines à la maison des Robert, écuyers, seigneurs de Saint-Jal [1] : « maison, dit l'historien « Robert, aussi noble et ancienne que toute autre du haut et « bas Limousin, de la Haute et Basse-Marche et qui a pro-« duit nombre de grands et illustres personnages [2]. »

Ce fut vers la fin du XVIᵉ siècle qu'un membre de la famille Robert de Glény [3], branche cadette de la maison de Saint-Jal, vint se fixer au Dorat. Jean Robert, fils d'Hérald ou Evrard Robert [4] avait attiré, par son mérite précoce, l'attention de la reine Elisabeth d'Autriche, veuve de Charles IX, qui possédait dans son douaire le comté de la Marche. Cette princesse le choisit en l'année 1580 pour les fonctions de lieu-

---

1. Saint Jal en Bas Limousin, bourg situé à cinq kilomètres d'Userche, entre cette ville et Chamboulive.
2. Mss. de Robert, Rec. de D. Fonteneau, t. 45. p. 581.
3. Glény ou Glénic, dans la Marche, diocèse de Limoges, est situé sur la Creuse à une lieue nord-est de Gueret.
4. Il convient de rectifier ici une erreur que l'on rencontre dans l'*Histoire de la Marche*, par Joulietton, 2ᵐᵉ vol., p. 93, et dans le *Dictionnaire des familles du Poitou*, par Beauchet Filleau, t. 2, p. 619.
Selon ces auteurs, Jean Robert serait fils de Charles Robert, tandis qu'en réalité il est fils d'Hérald ou Evrard Robert.

tenant général de la juridiction de la Basse-Marche, fonctions devenues sédentaires et dont le siége avait été fixé au Dorat, à titre de sénéchaussée royale, par un édit de janvier 1561. Après la mort de Jean Robert, cette charge passa à son fils Pierre l'historien, et celui-ci fut encore assez heureux pour la transmettre à son fils.

La famille Robert, qui avait ainsi donné successivement trois lieutenants généraux au siége royal du Dorat, est restée fidèle à cette résidence. Elle a possédé dans la Basse-Marche les seigneuries de Saint-Sornin la Marche, Villemartin et autres ; elle a été convoquée au ban avec la noblesse de cette province.

Cette famille a été maintenue dans sa noblesse par arrêt du conseil du roi en 1707.

Ses armes sont : d'azur au cygne déployé d'argent à deux têtes béquées d'or, membré et lampassé de gueules [1].

---

1. Mss. de Robert, Rec. de D. Fonteneau, t. 33, p. 342.

LES ORIGINES DE LA MAISON ROBERT.

Nous n'avons pour nous guider dans la généalogie de la famille Robert que celles qui ont été dressées par Pierre Robert, historien de la Basse-Marche [1]; et par André du Chesne dans l'histoire généalogique de la maison des Chasteigners [2].

Pierre Robert la fait remonter à ROBERT DE MURC, CHEVALIER, SEIGNEUR DE SAINT-JAL, vivant sous Philippe Ier, roi de France.

Suivant André du Chesne, ROBERT DE MURC était fils d'AS-TIER DE MURC, CHEVALIER, SEIGNEUR DE SAINT-JAL.

Selon l'une et l'autre généalogies, les enfants de ROBERT DE MURC furent :

I. Aymard Robert, chevalier, seigneur de Saint-Jal.

II. Hugues Robert. »

---

1. Généalogie des Robert du comté de la Basse-Marche, dressée sur titres, papiers, chartres, manuscrits, par Pierre Robert, écuyer, s[r] de Villemartin et de Saint-Sornin-la-Marche, lieutenant général de la Basse-Marche, l'an 1654. Recueil de Dom Fonteneau, t. 45, p. 581.

Généalogie des Robert pour obtenir du Roi lettres de confirmation de noblesse pour Pierre Robert, lieutenant général de la Basse-Marche. — Rec. de Dom Fonteneau, t. 45, p. 607.

2. Histoire généalogique de la maison des Chasteigners par André du Chesne, p. 144.

III Etienne Robert, qui fut d'abord chevalier et devint e suite moine à Uzerche.

IV. Perrin Robert.

V. Garsende Robert, épouse de Jean de Chastre ou de Castre.

I. AYMARD ROBERT, fils aîné de Robert de Murc, fut le chef de la branche des Robert de Saint-Jal, qui fut illustrée au quatorzième siècle par Aymard ou Adhémar Robert, cardinal-prêtre de Sainte-Anastasie [1] ; Adhémar Robert, neveu du précédent, évêque de Lisieux, archevêque de Sens [2] ; Aymard Robert, chevalier, seigneur de Saint-Jal, chambellan du duc d'Orléans ; Pierre Robert, chanoine de Notre-Dame de Paris et doyen de Saint-Germain-l'Auxerrois.

---

1. Adémar Robert, fils d'Aymar Robert III, fit d'excellentes études, grâce aux soins de son frère, Aymar Robert IV, qui pendant vingt-deux ans se chargea des frais de son éducation.

Le 20 septembre 1342, le pape Clément VI le nomma cardinal-prêtre de Sainte-Anastasie. Mais l'opposition d'Édouard III et de Jean, évêque d'Exeter, l'empêcha de jouir des bénéfices situés en Angleterre que le pape avait attachés à son titre. Cependant il obtint plus tard une prébende dans l'église d'Yorck.

En 1347, Clément VI le chargea d'entendre à Avignon les Albigeois, qui le récusèrent.

Le 18 décembre 1352, il assista au conclave qui nomma le pape Innocent VI.

Il mourut à Avignon, selon les uns le 28 décembre 1352, selon d'autres en 1353. (Essai sur la vie et les ouvrages de Jehan et Pierre Robert, par M. Eugène Lecointre, Mémoires des Antiquaires de l'Ouest année 1845.)

2. Cet Adémar Robert était fils de Bertrand Robert, frère du cardinal. Il fut nommé évêque de Lisieux le 14 mai 1361 ; il quitta ce siége le 5 des Ides d'octobre 1368, pour l'évêché d'Arras ; le 15 décembre de la même année, le pape Urbain V l'appela à la Chambre apostolique; le 9 août 1371, il fut promu à l'évêché de Thérouanne, et le 6 juin 1375, à la métropole de Sens. Il y mourut en 1384, le jour de la Conversion de saint Paul (Id.)

Aymard Robert, chambellan du duc d'Orléans, dont il vient d'être question, mourut laissant une fille du nom de Catherine qui d'après l'historien Robert épousa Pierre de Favars. Une de leurs petites-filles épousa Jean-Jacques de Lastic, seigneur de Gabriac, le 15 août 1568 [1]. C'est ainsi que la terre de Saint-Jal passa dans la famille de Lastic, dont une branche prit le nom de Saint-Jal qu'elle porte encore de nos jours,

II. PERRIN ROBERT, comme on l'a vu au commencement, était le quatrième fils de Robert de Murc. Pierre Robert nous apprend qu'il épousa « ALIX DE GLÉNIC, *héritière d'icelle* « *maison noble de Glenic, où étoit pour lors un fort chasteau qui* « *fust ruiné et démoli par l'injure des guerres des Anglois et* « *dont les ruines et masures se voyent encores de présent* [2] ».

Pierre Robert se dit issu de cette union par une filiation directe ; mais cet historien ayant dressé plusieurs généalogies qui ne s'accordent pas entre elles, nous nous contenterons de signaler parmi les descendants de Perrin Robert : Pierre Robert de Guéret, bienfaiteur de la Maison-Dieu de Montmorillon, l'an 1107 ; Antoine Robert, écuyer, trésorier de la Marche ; Ithier Robert, garde des sceaux de la Basse-Marche en 1335, et Roland Robert, homme de guerre, qui, suivant une généalogie [3], aurait été originaire d'Orléans.

---

1. Mss. de Robert du Dorat, Rec. de D. Fonteneau, t. 45, p. 585, et *Gé* *néalogie historique de la maison de Lastic.*
2. *Ibidem,* t. 45, p. 587.
3. *Ibidem,* t. 45, p. 617.

ROLAND ROBERT laissa deux fils :

I. Nicolas Rob rt de Glény, « homme fort docte, auteur d'un livre
« en 16 chapitres sur l'estat et le maintien du mariage vrai-
« ment chrétien, où sont contenues toutes les lois et règles que
« doivent tunir et observer par ensemble le mari et la
« femme ».

« Plus une épître consolatoire sur la mort des parents ou amis,
« imprimée à Lyon, in-8, par Jean Saugrain, 1565. [1] »

II. Antoine Robert, sieur de Jalesches, de la Villetèle et de
Glény, qui épousa Martiale Faure.

A partir d'Antoine Robert l'obscurité cesse complétement, et
nous pouvons donner dès lors la filiation suivie de la maison
Robert.

---

1. D. Font., t. 30, p. 1044.

ROBERT DE GLÉNY.

I. ANTOINE ROBERT, sieur de JALESCHES, de la VILLETÈLE etde GLÈNY, dont nous avons déjà parlé, épousa MARTIALE FAURE « de l'ancienne et illustre maison des Faure au pays « de la Haute-Marche, qui a produit divers lieutenants gé- « néraux dudit pays de la Haute-Marche au siége royal de « Guéret ».

Il mourut à un âge très-avancé, laissant plusieurs enfants, entre autres : HÉRALD OU EVRARD ROBERT, qui suit.

II. HÉRALD ou EVRARD ROBERT, sieur de JALESCHES, et de LA CHASSEIGNE en la Haute-Marche, épousa en premières noces[1] CATHERINE BOÉRI, sœur de Jean Boéri, écuyer, sieur de Bertholie et de la Brosse, gentilhomme de la Haute-Marche, laquelle mourut en lui laissant huit garçons et trois filles dont les noms suivent d'après l'ordre de leur naissance :

1. Antoine Robert, sieur de Jalesches et de la Chasseigne.

Il suivit la condition des armes et mourut à la guerre, laissant

---

1. Hérald Robert épousa en secondes noces Antoinette Robinet dont il eut une fille du nom de Catherine.

de sa femme BARBE FILLOUX, fille de François Filloux et d'Antoinette Robinet, trois enfants :

1. Antoine Robert, châtelain royal au Dorat [1].
2. Claude Robert, châtelain en la Haute-Marche [2].
3. Jean Robert, prieur de Glény [3].

II. Jacques Robert, avocat à Guéret. Il épousa Anne, sœur de Barbe Filloux.

III. Martial Robert.

IV. Blaise Robert.

V. Jean Robert, lequel « fust homme fort docte et fameux avocat « en la ville de Bourges, où il mourut en la fleur de l'âge » [4].

VI. Marie Robert.

VII. Marguerite Robert, qui épousa Jacques Alamercière du bourg de Chéniers.

VIII. Autre Antoine Robert, qui épousa Catherine, fille de Fiacre Rebière de Cessac et de Marie du Rieu. Il mourut âgé de près de cent ans, laissant plusieurs enfants et entre autres : « Jacques Robert, homme fort docte [5] ».

IX. Françoise Robert.

X. Jean Robert, chef de la maison Robert du Dorat, qui suit.

XI. Pierre Robert, qui mourut comme son frère Antoine, âgé de près de cent ans.

---

1. Mss. de Robert, Rec. de D. Font., t. 45, p. 617.
2. *Ibidem*.
3. *Ibidem*.
4. *Ibidem*.
5. *Ibidem*.

III. JEAN ROBERT, sieur de SAINT-SORNIN LA MARCHE,
écuyer, naquit vers 1544 au bourg de Glény, près Guéret, du
mariage de Hérald ou Evrard Robert et de Catherine Boeri [1].
Orphelin dès le bas âge, Jean Robert trouva chez son frère
aîné Antoine Robert, sieur de Jalesches et de la Chasseigne,
une protection et des soins vraiment paternels. Préoccupé de
l'avenir de son jeune frère, il l'envoya de bonne heure « aux
« escolles en l'université de Bourges ». Mais le vigilant tuteur
n'eut pas la joie de voir longtemps se développer la jeune intelligence qu'il cultivait avec tant de sollicitude, car il mourut sur le champ de bataille.

Dès lors le soin de l'éducation de Jean Robert retomba sur
son autre frère Jacques Robert, « docte avocat de la ville de
« Guéret ».

Jean Robert ne tarda pas à répondre par ses succès scolaires à
la sollicitude de son frère. Doué d'une vive intelligence, impa-
tient de se créer dans le monde une position en rapport avec sa
noble naissance, il se livra avec ardeur au travail, et « dès qu'il
« eut passé la rhétorique et estudié en la logique, phisique et
« métaphisique et au droit civil et canon, il parvint à une si
« grande doctrine et savoir qu'il se faisoit admirer aux conver-
« sations publiques » [2]. A partir de ce moment son ambition,
justement éveillée, le détermina à quitter la province pour aller
à Paris, où il débuta très-brillamment devant le parlement. Sa
grande réputation ne tarda pas à se répandre et à attirer sur lui

---

1. Mss. de Robert, Rec. de D. Font., t. 33, p. 45.
2. *Ibidem*, t. 45, p. 611.

les regards du savant Cujas, qui lui offrit une place de docteur à l'université de Bourges où lui-même professait. Mais Jean Robert la refusa sur les conseils de ses illustres amis Etienne Brisson et Pasquier ; sa vocation l'appelait à des destinées moins paisibles. Nous ne pouvons mieux faire que de reproduire ici la partie du travail de M. Eugène Lecointre [1], qui rapporte comment Jean Robert fut investi des fonctions de lieutenant général au siége du Dorat.

« La Marche faisait alors partie du douaire de la reine Isa-
« belle (Elisabeth d'Autriche), veuve de Charles IX. Appelé à
« son Conseil, où il exerçait les fonctions de sénéchal, maître
« des requêtes ordinaires, Jehan Robert fut choisi en 1580
« pour lieutenant général au siége royal du Dorat. Les temps
« étaient mauvais ; les longues guerres de la Réforme avaient
« partout semé le trouble et l'anarchie ; Claude de la Pouge,
« lieutenant général du Dorat, avait été assassiné en 1578 par
« les habitants de cette ville et les officiers du siége royal. La
« justice du présidial de Poitiers et des siéges royaux de Châ-
« tellerault et du Dorat put bien s'appesantir sur les coupables ;
« mais elle ne put étouffer le mauvais esprit de ces contrées.
« René le Beau, seigneur de Zauzelles et d'Issoudun (en Poi-
« tou), son successeur, donna sa démission sans avoir exercé [2] :
« c'était donc sous de bien fâcheux auspices que Jehan Robert
« entrait dans l'administration ; ce fut peut-être pour cette rai-

---

1. Essai sur la vie et les ouvrages de Jehan et Pierre Robert. Mémoires de la Société des Antiquaires de l'Ouest, année 1845, p. 293.
2. Jehan Robert lui acheta sa charge 1,000 écus. (Id.)

« son, et peut-être aussi parce qu'elle connaissait sa position
« peu aisée de fortune, que la reine voulut bien se départir en
« sa faveur de l'usage reçu alors et lui conférer sa charge gra-
« tuitement. Après avoir prêté serment devant le conseil de la
« reine et le parlement, il partit pour le Dorat, où il fut installé
« par le lieutenant général de Guéret [1]. »

Cette charge de lieutenant général, remplie successivement par
Jean Robert et plusieurs de ses descendants, fixa définitivement
la maison Robert dans la ville du Dorat.

L'année même de son installation dans ses fonctions de lieutenant général, il épousa le 23 novembre 1580 MATHÉE ou
MATHINE, fille de PIERRE ORLHE, SIEUR DU BOIS DE LAVAULT,
bourgeois du Dorat, et de Gilberte de Fontréaux, qui lui ap-
porta une dot de 3000 livres.

Jean Robert ne tarda pas à éprouver les ennuis inséparables
de sa haute position. Il fut souvent forcé de faire appel à la
justice contre des ennemis jaloux de sa fortune. Ajoutons,
enfin, à ces difficultés, l'antipathie des protestants du Dorat,
qui le récusèrent comme ennemi de la religion réformée, lorsque
Jean Robert fut chargé en 1584 par le Conseil de la reine
Élisabeth, douairière de France, « de se porter sur les lieux
« et de s'informer au vrai de personnes non suspectes si le
« 17e jour de septembre 1577 l'exercice du prêche de la dite
« nouvelle prétendue religion s'étoit fait au faubourg du château

---

1. Ce lieutenant général était Antoine du Rieu, seigneur de Villepréau et
de Fontbuffeau, son cousin.

« de la dite ville du Dorat publiquement et librement ainsi qu'il
« étoit porté par le dernier édit de pacification [1]. » C'est en faisant allusion à tous ces ennuis, que Jean Robert a souvent
exprimé à son fils le regret d'avoir quitté Paris et le parlement
devant lequel il avait obtenu de si grands succès : « J'ai veu, dit
« Pierre Robert, feu Estienne Pasquier, qui a fait les recherches
« de la France, et son fils François, qui fut advocat général en la
« chambre des comptes, et Caillet, qui a commenté la coutume
« de la Haute-Marche, et divers autres, qui m'ont dit et assuré
« avoir veu plaider feu mon dit père en la grand chambre de
« Paris très-doctement, et qu'il estoit admiré ; et certes je l'ay
« veu souventefois au Dorat se repentir d'avoir quitté le parle-
« ment de Paris pour venir demeurer dans le Dorat, disant qu'il
« y eust fait meilleure fortune et qu'il eust esté pour le moins
« ou conseiller au parlement de Paris ou maistre des reques-
« tes [2]. »

La carrière de Jean Robert, si brillante à son début, devait
être traversée par de douloureuses épreuves.

En 1586 la peste qui sévit au Dorat lui enleva un de ses enfants. Effrayé des progrès du fléau, il partit le 4 octobre avec
Pierre Orlhe, sieur du Bois de Lavault, son beau-père, et lorsqu'ils

1. Mss de Robert du Dorat, Rec. de D. Font., t. 31, p. 652.
« J'ai vu en mes jeunes années, dit P. Robert, un tiers du Dorat qui étoit
« de la dite religion prétendue, leur prêche se tenoit au chasteau dans une
« pauvre et petite maison, et avoient leur cimetière auprès, qui se voit en-
« core. Petit à petit cette nation est défaillie au Dorat, et se convertirent
« tous les huguenots à la religion catholique l'an 1628, fors d'un misérable
« qui mourut environ l'an 1617 dans cette malheureuse hérésie. » (Id.)
2. Ibidem, t. 45, p. 611.

furent près de Fontbuffeau où ils allaient passer la nuit, ils firent la rencontre d'un nommé Baignaut, sergent major du régiment de Bories en Périgord, accompagné de 40 arquebusiers à cheval « *tous huguenots comme chiens* [1] », dit Pierre Robert, qui les firent prisonniers et les dépouillèrent de quantité d'or et d'argent. Maîtres de leurs personnes, ces partisans les emmenèrent au bourg de Saint-Léger où ils les mirent à rançon, Jean Robert de 500 écus et Pierre Orlhe de 500 autres écus. De Saint-Léger les prisonniers furent menés au bourg d'Azat-le-Poumer « où ils furent fort mal traités d'injures », et de là ils furent conduits au bourg de Peyrat près Bellac où enfin un ami dévoué, Moyse Turpin, chevalier, seigneur de Buxerolles, des Plats et de Planche-Courte, fit rendre à Jean Robert sa liberté après cinq jours de captivité (8 octobre 1586).

De retour au Dorat Jean Robert trouva la ville soulevée par l'émeute et le château livré aux ligueurs. Ces troubles se prolongèrent pendant plusieurs années, et l'autorité royale fut obligée d'intervenir pour rétablir l'ordre. François de Bourbon, duc de Montpensier, prince de Dombes, s'y transporta en mai 1589, et le duc de la Roche-Posay en 1602. La maison de Jean Robert, aujourd'hui encore habitée par ses descendants, eut l'honneur de donner l'hospitalité à ces nobles personnages.

Les graves occupations de sa charge ne firent pas oublier à Jean Robert ses chères études juridiques. Il entretint avec soin des relations de parenté et de science avec le célèbre juriscon-

---

1. Mss. de Robert, Rec. de D. Font., t. 45, p. 557.

sulte Anne Robert, d'Orléans, dont la généalogie a été dressée par d'Hozier [1]. Anne Robert descendait comme lui des Robert de Saint-Jal. « J'ay plusieurs lettres , dit l'historien Robert, d'y- « celuy Anne Robert, qu'il avoit écrit à feu mon père, par les- « quelles il se recognoissoit son parent [2]. »

Jean Robert a déposé le fruit de ses labeurs scientifiques « dans plusieurs beaux livres et traités [3]». M. Lecointre, dans son intéressant *essai sur la vie et les ouvrages de Jehan et Pierre Robert*, donne les titres des onze volumes composés par le savant lieutenant général, lesquels sont presque complétement perdus aujourd'hui [4].

La Providence réservait à ce laborieux magistrat d'une petite ville de province l'honneur insigne de haranguer le meilleur des rois et de recevoir de lui un éloge bien mérité. Voici comment Pierre Robert l'historien rapporte cet événement si glorieux pour sa famille :

En l'année 1605 Henri IV, averti de quelques conspirations qui se tramaient vers le bas Limousin, se rendit à Limoges en passant par le Poitou. Il amenait avec lui deux à trois mille hommes d'armes tant à pied que de cheval, entre lesquels étaient le duc d'Epernon, gouverneur du Limousin, les seigneurs de Roquelaure, de Créquy, les princes de Soissons, de Joinville, d'Aiguillon, de Montbazon et les seigneurs de Lescure, de Rosny

1. D'Hozier, reg. III, 2e partie.
2. Mss. de Robert, Rec. de D. Font., t. 45, p. 609.
3. *Ibidem*, t. 45, p. 613.
4. On remarque parmi ces livres un commentaire sur la coutume du Poitou.

et autres. Il descendit premièrement à Poitiers, puis vint à Lussac-les-Châteaux où il logea au château de M. de Mortemart, puis vint à Bussière-Poitevine et dîna au lieu de Buxerolles. Si nous en croyons notre chroniqueur, « après le dîner « dans ce lieu il se fit une grande éclipse de soleil, l'une « des plus grandes que l'on ait jamais vues, laquelle voyant, sa « Majesté se coucha au milieu de la place sur un fagot de paille « de froment ou de seigle et ne partit que l'éclipse ne fût finie, « laquelle étoit le pronostic des malheurs qui bientôt après « furent en France assis sur le chef de ce grand roi ». De là le roi se rendit à Bellac, environ le 12 du mois d'octobre, où il demeura quelques jours et où il voulut avoir le plaisir de la chasse.

Jean Robert, lieutenant général de la sénéchaussée du Dorat, se rendit à Bellac accompagné de tout le clergé et de tous les officiers et avocats en *habits décents*. Il fut présenté au roi par M. Henri de Schomberg, gouverneur du pays de la Marche, et lui adressa cette harangue que Pierre Robert a retrouvée parmi les papiers de son père :

« Sire qui êtes le plus grand et le plus excellent Roi de l'uni-« vers, je serai fort bref.

« Sire, les hommes qui sont nés de Dieu ont à chaque « d'heure le ciel et la terre pour miroir devant les yeux pour ce « qu'ils sont faits pour glorifier Dieu, contempler ses faits admi-« rables et lui sacrifier suaves odeurs de bonnes œuvres au ciel « où leurs âmes doivent placer ; ils y voient l'ordre admirable

« que Dieu a mis entre les séraphins, chérubins, trônes, domi-
« nations et autres puissances célestes, les moindres desquelles
« obéissent aux plus grandes, la terre où leurs corps doivent
« reposer : Dieu y a mis les hommes pour commander comme
« dieux sur toutes les autres créatures ; des hommes il en a fait
« aucuns tous d'or, d'autres d'argent, d'autres de plomb, d'étain,
« de cuivre, de fer et d'autres de poterie ainsi que disoit Socrate
« dans la République de Platon.

« Sire, vous êtes tout d'or, vous avez l'intérieur et l'extérieur
« tout d'or, vous récompensés les gens de vertus et de mérite
« d'or, vous faites la justice à tous et à vos juges qui la font bien ;
« leur proposés ces deux talents d'or décrits par Homère au
« bouclier d'Achille. Vous maintenés et faites florir toutes les
« contrées et provinces de vos royaumes en toutes sortes de
« biens et d'or ; vous faites manger notre pain en nos maisons
« paisiblement et en repos, ce qui vaut plus que l'or, et vous
« conservés nos biens or et argent en toute sûreté.

« Sire, nous, vos très-humbles et affectionnés officiers et ser-
« viteurs de votre sénéchaussée et siége principal de cette pro-
« vince, nous vos très-humbles gents de l'Église Saint-Pierre de
« la ville du Dorat de fondation royale, nous très-fidèles habi-
« tants et sujets d'ycelle ville capitale de ce pays, sommes ici
« venus prosternés aux pieds de votre auguste Majesté pour
« vous offrir nos personnes, nos vies, nos biens et moyens pour
« en disposer à votre volonté et vous assurer de notre fidélité,
« laquelle je vous jure pour tous eux et pour vous certaine que
« tant que nous vivrons nous continuerons nos ordinaires
« prières à Dieu, qu'il vous fasse la grâce de toujours régner très-

« heureusement et très-longuement à l'honneur et à la gloire de
« son saint nom, au salut de votre âme, à l'avancement de M. le
« Dauphin, au contentement de la Reine, votre très-vertueuse
« épouse, sa mère, au profit et utilité de tous MM. les princes de
« votre sang, au repos et au soulagement de votre pauvre
« peuple et à l'édification de toutes les nations chrétiennes. »

Le roi répondit : *qu'ils lui fussent bons officiers et sujets et
qu'il leur seroit bon Roi* ». Et se retirant dit hautement à
Messieurs de Soissons, de Joinville, de Montbazon et d'Épernon
et Schomberg qui étaient près de lui, « que depuis Paris, il
« n'avoit point rencontré homme qui l'eust si bien contenté et
« satisfait que cet officier [1] ».

Les sentiments religieux que Jean Robert exprimait avec tant
d'éloquence dans son discours au roi avaient été ceux de toute
sa vie. Malgré ses nombreuses occupations il avait toujours rempli fidèlement ses devoirs religieux. Mais à partir de 1602, date de
son voyage à Orléans pour assister au Jubilé, il s'était condamné
à une vie de pénitence et d'austérité. Il jeûnait au pain et à l'eau
tous les vendredis de chaque semaine et même pendant les
avents et le carême.

Les derniers jours de Jean Robert s'écoulèrent dans l'exercice
d'une piété devenue de plus en plus fervente. Il s'éteignit, le 30

---

[1]. Mss. de P. Robert, Rec. de D. Font., t. 45, p. 159.
Suivant une autre version, le Roi aurait répondu : « *qu'il avoit toujours
affectionné le Dorat et qu'il l'affectionneroit toujours* », et il aurait dit
aux princes et au sieur de Schomberg : « que depuis Paris il n'avoit point
« rencontré aucun qui l'eût mieux contenté que ce vieillard. » Mss. de Robert, D. Fonteneau, t. 31, p. 533.

octobre 1607, à l'âge de 63 ans. Il emporta dans la tombe les regrets de sa famille et ceux de la ville du Dorat. Un poëte de cette ville, Guillaume Anceaume, composa son épitaphe qui ne s'est pas conservée jusqu'à nous ; mais nous avons de Jean Robert un portrait parlant tracé par la main fidèle de son fils :

« Il estoit homme d'une assez haulte stature, homme assez gros
« et plain, rouge de face, fort grave en son parler et en son mar-
« cher, d'une très-bonne mine et majesté, qui tenoit extrême-
« ment bien sa gravité, ne se communiquoit guères, tenoit bonne
« table, festinoit souvent ses amis, alloit toujours très-bien cou-
« vert. [1] »

Jean Robert a laissé sept enfants :

I. Berthe Robert, née le 11 août 1586 et mariée en décembre 1608 à Jean Neymond, sieur de Pezard et du Cros, lieutenant des eaux et forêts de la Basse-Marche, avocat au siége royal du Dorat fils, de François Neymond, sieur de Pezard et du Cros, avocat au siége royal du Dorat, et de Marie Javry. Elle mourut en avril 1620, laissant entre autres enfants :

    1. Pierre Neymond, filleul de l'historien Robert qui fut re-
       ligieuxrécollet et gardien des Récollets de Brives-la-
       Gaillarde.

    2. Jean Neymond, sieur de Pezard et du Cros, avocat au
       siége royal du Dorat, châtelain de Bussière-Poitevine,
       juge du Ris-Chauveron, qui épousa Marie Philippes dont
       issurent :

---

1. Mss. de Robert, Rec. de D. Font., t. 45, p. 611.

1º Jean Neymond, sieur de Pezard, conseiller
du roi au siége royal du Dorat.

2º Marie Neymond, qui épousa le 25 novembre 1670 son cousin Jean Aubugeois, docteur en médecine de la faculté de Montpellier,
fils de Jean Aubugeois, sieur de la Ville du Bost,
conseiller du roi en l'élection de Limoges, et de
Catherine Chaud.

II. Catherine Robert, née le 9 novembre 1587, épousa en septembre 1623 Pierre Fauconnier ou Faulconnier, sieur de Lage
Meillot et de Fontcombaud, fils puîné de Simon Fauconnier,
docteur médecin du Dorat, et de Jeanne Durivaud.
Catherine Robert mourut sans enfant en 1641.

III. PIERRE ROBERT, né le 18 février 1589. Il est le chef de la branche aînée de la maison Robert dite de Villemartin, qui suit.

IV. Jacques Robert, sieur du Chaslard ou de Chez-Chaslard, de la
Porte, des Arsis, né le 16 octobre 1593.

Il épousa en premières noces Jeanne le Febvre, de Montmorillon, dont il eut deux enfants :

1. Jean Robert, qui se maria à Montmorillon et laissa
une fille mariée à N. Babert.

2. Marie Robert, qui épousa à Mortemart Pierre de
la Barde.

Veuf de Jeanne Le Febvre, Jacques Robert épousa

2

le 5 novembre 1634 Anne, fille de Jacques de Montbel, écuyer, sieur de la Tasche, et de Anne du Ceux.

Il eut de sa seconde femme :

1. Jacques Robert, sieur du Tailly et du Chalard, qui entra au service du roi et alla demeurer à Bourges.

2. Jean Robert, sieur des Arsis, qui fut avocat en parlement et alla résider à Paris.

3. Pierre Robert, sieur du Chalard.

4. Jeanne Robert.

v. SIMON ROBERT, né le 11 décembre 1594. Il est le chef de la branche cadette de la maison Robert dite de la Marquetière, qui sera rapportée en son rang.

vi. — Jacques Robert, sieur du Bois de Lavault, né le 15 juin 1597, qui épousa en premières noces Anne, fille unique de Guillaume Mérigot, lieutenant criminel de Guéret. Veuf d'Anne Mérigot, dont il n'avait pas eu d'enfant, il épousa le 13 janvier 1652 Marguerite, fille de Léonard Deschamps, juge du Ris-Chauveron, et d'Anne Maillard. Il mourut au Dorat le 3 décembre 1676, laissant deux filles, Anne et Berthe Robert, qui épousèrent Martial et Jean Bajut.

vii. — Jeanne Robert, qui épousa Michel Pinaud, sieur d'Ambé, de la paroisse de la Croix, avocat au siége royal du Dorat. Elle eut cinq enfants : — 1° Simon Pinaud, qui épousa Jeanne

Maurat; 2º Berthe Pinaud, qui épousa Pierre Gascon, sieur de Planchecourte; 3º Pierre Pinaud, récollet à Limoges; enfin deux filles qui périrent en bas âge avec leur mère dans les eaux de la Gartempe au mois de septembre 1650.

Pierre Robert rapporte que sa sœur revenant de fêter la Saint-Martin au lieu de la Borderie, paroisse de la Croix, trouva la Gartempe débordée par une suite de pluies abondantes tombées pendant la nuit. Elle monta dans un bateau avec ses deux filles et plusieurs personnes de la ville du Dorat; et comme elles allaient toucher le bord, le flot entraîna le bateau. « Alors ceux « qui estoient dedans sachant nager se jettèrent vitement au dit « bord de la rivière et attrapèrent des branches d'arbres; le bat- « teau par après fut renversé par l'eau, où ces deux filles se « perdirent; ma dite sœur Jeanne par cas fortuit fut portée au « milieu de la rivière sur une vergnasse où elle demeura quelque « temps priant Dieu toujours dévotement, se recommandant à « Dieu et reçut l'absolution du curé de la paroisse qui y accourut. « Plusieurs gents qui sçavoient bien nager furent jusqu'à elle « lui disant: mademoiselle, tenés vous à mes cheveux, je vous « sauverai; mais ma dite sœur leur répondit qu'elle n'avoit ni le « cœur, ni l'assurance, ni la force de le faire, car l'eau l'avoit « tellement refroidie qu'elle n'avoit plus aucune force. L'on lui « mena des batteaux jusqu'auprès d'elle, mais le flux de l'eau y « étoit si impétueux que jamais ils ne purent approcher d'elle; « elle demeura dessus la dite vergnasse tant qu'elle eut de force, « toujours priant Dieu dévotement, et n'ayant plus de force elle « se laissa aller dedans l'eau et ainsi se noya avec deux de ses

« filles ; plusieurs gents se noyèrent aussi pour les sauver entre
« quatre ou cinq hommes du village et d'autres du Dorat [1]. »

---

1. Mss. de Robert, Rec. de D. Fonteneau, t. 33, p. 340.

ROBERT DU DORAT.

BRANCHE AÎNÉE DITE DE VILLEMARTIN.

IV. PIERRE ROBERT, ECUYER, SIEUR DE SAINT-SORNIN LA MARCHE ET DE VILLEMARTIN, HISTORIEN DU DORAT, naquit en cette ville le 18 février 1589 du mariage de Jean Robert, lieutenant général de la Basse-Marche, et de Mathine Orlhe.

Elevé sous les yeux vigilants de son père, il sut répondre à ses légitimes espérances. Il fit à Limoges, à Bourges, à Paris, de brillantes études qui embrassèrent les lettres, les sciences, la philosophie et la jurisprudence ; il étudia même les langues orientales, qui lui furent enseignées par deux savants moines Maronites.

Tout semblait sourire à sa jeune ambition lorsqu'à peine âgé de dix-sept ans il eut le malheur de perdre son père. Mais le roi, qui avait conservé le souvenir des bons services de Jean Robert et qui connaissait l'aptitude précoce de son fils, daigna le con-firmer dans la lieutenance générale de la Basse-Marche, par lettres du 12 septembre 1607. Peu de jours après, il lui confia encore la charge de juge châtelain du Dorat, par lettres du 1er décembre de la même année. Pierre Robert fut installé dans ces dernières fonctions le 10 novembre 1608, alors qu'il n'avait

que dix-neuf ans. Mais il ne prit possession de la charge de lieutenant général qu'à l'âge de vingt-cinq ans. En outre de ces deux
offices qui plaçaient sous son administration unique la justice
de la ville et celle du château, il acquit en 1610 la charge de
capitaine du château, qu'il conserva jusqu'à l'année 1617.

Dans le même temps, Pierre Robert qui était passionné,
comme l'avait été son père, pour la noble profession du barreau, fit plus d'une fois le voyage de Paris pour se livrer à
l'exercice de la plaidoirie : « ès années 1609 et 1610, dit-il,
« je fus advocat fréquentant le barreau de Paris[1]. »

Ce fut dans le cours de ses voyages qu'il fit connaissance de
Louise Thomas, fille de Paul Thomas, écuyer, sieur de la Croix
de Boismorin et du Plessis, conseiller du roi et son sénéchal
de robe longue en la sénéchaussée de Montmorillon[2]; et de Françoise Mangin, « de l'ancienne et notable famille des Mangin de la
« ville du Blanc en Berry. » Laissons Pierre Robert raconter lui-
même comment il devint épris des charmes et des mérites de
celle qui devait partager sa destinée :

« Ayant esté contraint pour aulcunes affaires que j'avois à
« Montmorillon d'aller voir son père, là je la vis et véritable-

---

1. Mss. de Robert, D. Font., t. 45, p. 623.
2. « Les Thomas sont sortis de la ville de Magnac et tirent l'origine prin-
« cipale de leur noblesse de Léonard Thomas, qui fut procureur général au
« parlement de Dijon. » Mss. de Robert, t. 45, p. 819.
Une sœur de Paul Thomas, du nom de *Jeanne*, épousa en premières noces
André Lebeau, sénéchal de robe longue à Montmorillon, et en secondes noces
Louis Ladmirault, sr de la Badonnière, conseiller du roi, maître des requêtes
ordinaires de la reine Marguerite de Valois. Mss. de Dom. Font., t. 45, p. 669.

« ment sa grâce, son maintien et son port avec la bonne
« renommée qu'elle avoit dès lors m'entrèrent si très-fort dans
« l'esprit, que je pensay à la rechercher en mariage [1]. »

Les devoirs de sa profession le retinrent encore à Paris
pendant plus d'une année. « Néanmoins, dit-il, Dieu permit
« qu'elle ne fut point mariée pendant tout ce temps là. » De
retour dans sa province, de plus en plus épris, il se disposait à
faire sa demande, mais un nouvel obstacle vint encore éloigner
l'accomplissement de ses vœux. Jean de Neymond, époux de
Berthe Robert, sa sœur aînée, chercha par tous les moyens à le
dissuader de cette union et lui imposa une nouvelle année d'at-
tente pendant laquelle il lui chercha d'autres partis. Mais la
constance de Pierre Robert était inébranlable, et, le délai
fixé par son beau-frère à peine expiré, il demanda et obtint la
main de Louise Thomas. Le mariage fut célébré au mois d'août
1611, le jour de Notre-Dame des Anges.

Dès qu'il eut atteint l'âge de 25 ans, Pierre Robert prêta serment devant le parlement de Paris le 7 juin 1614, et dans le même
mois il fut installé lieutenant général au siége royal du Dorat.

Ces importantes fonctions auraient certainement suffi à
occuper l'activité de tout autre que Pierre Robert ; mais ce
dernier avait des aptitudes trop variées et une ambition trop
vaste pour se renfermer dans une sphère définie d'action, quelque étendue qu'elle pût être. Nous ne serons donc pas surpris si
nous le voyons cumuler encore bien des emplois divers.

---

1. Mss. de Robert, Rec. de D. Font., t. 45, p. 675.

A tous ceux que nous avons déjà cités il joignit en 1617 la charge d'enquêteur et de commissaire examinateur de la Basse-Marche, qu'il acheta de maître Pierre Vacherie ; en juin 1624 il acquit en outre, deux places de conseiller qui venaient d'être créées au siége du Dorat.

Il n'avait pas encore atteint le faîte des dignités dans sa ville natale lorsque les jours d'épreuve arrivèrent pour lui. Les premières difficultés lui vinrent de sa famille. Plus tard il se vit en butte aux jalousies de ses collègues et aux hostilités de ses concitoyens.

Le 13 janvier 1625, les frères de Pierre Robert, n'ayant aucun égard à un premier partage de la succession paternelle fait le 23 août 1620 devant Me Jousseaulme et Me Masson, notaires royaux au Dorat, obtinrent une ordonnance qui le condamna à rapporter la somme de 10,000 livres tant pour le prix et estimation de l'office de lieutenant général, dont il avait été revêtu par son père, que pour la jouissance qu'il avait eue de cette charge. Ce différend se termina par un arbitrage auquel prirent part Jean Aubugeois, sieur de la Ville du Bost, et Nicolas Chesne, sieur de la Bussière. Le résultat définitif du partage fut d'attribuer à Pierre Robert la borderie de Saint-Sornin-la-Marche, « consistant en chasteau, estables, cours, fuyes, estang, prés, « etc., et huit quartes de bled et six sols huit deniers de rente « due à ladite seigneurie ; la métairie de la Porte en ladite « paroisse et la nue-propriété d'une maison neuve sise au Dorat, « l'usufruit étant réservé à Mathine Orlhe, sa mère [1]. »

---

1. Papiers de la famille Robert.

Pierre Robert était à peine sorti de ces difficultés de famille lorsque le plus grand des malheurs vint le frapper.

En l'année 1631 la peste, qui avait déjà sévi au Dorat en 1586, reparut dans le pays. Pierre Robert, effrayé de l'intensité du fléau et du nombre des victimes, songea à mettre à l'abri ce qu'il avait de plus cher. Sur la fin du mois d'août il conduisit sa femme et une partie de sa famille à Saint-Sornin-la-Marche [1]. « Elle « avait, dit-il, choisi cette résidence à cause de l'église qui « estoit au pied de nostre chasteau, afin de pouvoir entendre « tous les jours la saincte messe ainsi qu'elle faisoit. » Puis il se rendit à Villemartin où il resta le temps nécessaire pour faire rentrer ses grains dans ses greniers.

De retour à Sant-Sornin il trouva sa femme atteinte de la fièvre tierce. Au bout de deux ou trois accès, la terrible maladie se déclara. Pierre Robert lui prodigua les soins les plus assidus, puis la trouvant mieux il partit pour aller faire une confession générale chez les Pères récollets du Dorat. Mais pendant son absence le mal fit de rapides progrès, et par une cruelle fatalité Jacques Robert, sieur des Arsis, beau-frère de Louise Thomas, ayant rencontré l'apothicaire du Dorat, Léonard Poincet, le pria de venir voir sa belle-sœur. Tous deux crurent à une pleurésie, et Poincet, dont l'ignorance excite l'indignation de Pierre Robert, entreprit sans le savoir de la saigner au bras, et lui coupa l'artère, « de sorte que, poursuit-il, quelque linge

---

1. Le château de Saint-Sornin-la-Marche, dont il ne reste rien aujourd'hui, occupait l'emplacement de la cure actuelle. Le chœur de l'église de cette paroisse était la chapelle du château.

« qu'il pût appliquer avec de l'eau fort froide ne put jamais
« empêcher que le sang ne ruisselât de son bras, et ainsi elle
« perdit tout son sang et mourut le lendemain matin à neuf
« ou dix heures. Comme j'arrivois à Saint-Sornin, l'on me
« dit qu'elle avoit rendu l'esprit, dont je fus en tel ennuy, tris-
« tesse et douleur, que peu s'en fallut que je ne tombasse
« esvanoui de cheval; en même temps je monté à sa chambre
« luy jetter de l'eau bénite, et estoit plus belle morte qu'elle
« n'estoit lorsqu'elle estoit en vie [1]. » Ce funeste événement arriva
le 19 décembre 1631. Louise Thomas était née en février 1590.

Pierre Robert est toujours resté inconsolable de la mort de sa
femme ; dans ses intéressants mémoires il revient à chaque
page sur les perfections de sa compagne : « elle sçavoit très-bien
« lire et escrire, chiffroit et calculoit très-bien, sçavoit broder
« de toutes sortes de broderies, couldre, ouvrer, danser, parler
« et faire toutes autres choses vertueuses et nécessaires. Elle se
« confessoit et communioit ordinairement deux fois la semaine,
« jeunoit trois fois par chacune semaine, à sçavoir le mercredi,
« le vendredi et le samedi ; elle visitoit souvent l'hospital, les
« prisons, donnoit libéralement de nos biens aux pauvres,
« assistoit et secouroit les pauvres honteux, disoit tous les jours
« le rosaire et l'office de la sainte Vierge, alloit au salut des
« Pères récollets tous les soirs...... Elle commanda que l'on
« donnât douze septiers de bled seigle à douze pauvres femmes
« de Saint-Sornin, et un jour auparavant qu'elle se trouva mal,

---

1. Mss. de Robert, Rec. de D. Font., t. 45, p. 679.

« elle voulut faire son testament, par lequel elle donna 300 fr.
« aux Pères récollets du Dorat, pour employer en leur autel[1]. »

Si nous en croyons Pierre Robert, cette pieuse femme avait
reçu d'en haut la révélation de sa fin prochaine, et lorsqu'elle fut
sortie de ce monde, elle apparut plusieurs fois à ceux qu'elle
aimait.

« Elle eut des indices de sa mort, car voulant se remuer du
« Dorat à Saint-Sornin à cause de la contagion, elle m'em-
« brassa quand elle partit, et me dit qu'elle n'espéroit pas
« jamais plus entrer dans le Dorat et en dit autant au révé-
« rend Père Maledent, gardien.

« Et comme sa vie avoit esté remplie de merveilles, il falloit
« qu'il y en eust après sa mort, comme il arriva ; car le soir
« après son décès, moy estant allé coucher dans une chambre de
« ma mestairie de la Porte,... à chaque fois que je voulois dormir
« il y avoit quelque chose qui me réveilloit, m'ostoit la couverture,
« passoit autour de moy comme si se eust esté quelque oiseau,
« et quelque temps après j'entendis deux grands plaints,
« comme d'une personne qui soufroit grandement...........

« Le soir de la Toussaint, comme je disois l'office des morts
« pour elle à genoux dans ma chambre de Villemartin, vint à la
« fenestre qui est du costé du jardin la même voix plaintive que
« j'avoi entendu à Saint-Sornin, dont tout soudain quittant mes
« heures et ayant ouvert la fenestre ne veis rien.

« Comme aucun de mes gents de Saint-Sornin estoient venus

1. Mss. de Robert., t. 45, p. 679.

« à Villemartin, ils récitèrent qu'ils entendirent aussi des plaints,
« grande quantité de coups donnés dans le chasteau de Saint-
« Sornin et particulièrement dans la chambre que ma dite
« femme estoit trépassée, et dans le grenier qui estoit à costé
« rempli de bled...... En outre me dirent qu'ils la voyoient
« souvent en plein jour à la fenestre de la chambre où elle estoit
« morte toute habillée à blanc, et blanche comme la neige, et
« quelquefois on la voyoit se promener par la chambre tenant
« quelque cierge allumé en sa main... et parfois un chapelet en
« la main et le disant.

« Certes c'estoit une très-sainte femme ; plusieurs religieux
« et religieuses m'ont dit des merveilles de cette femme, et
« que ses plaints estoient des signes assurés de sa salvation
« et de ce qu'elle estoit en purgatoire, et que souventes fois
« dans leurs couvents et monastères l'on entendoit ainsi des
« plaints de religieux et religieuses décédées. Dieu lui fasse
« paix. Amen [1]. »

Une année après la mort de sa femme un événement mémo-
rable vint arracher Pierre Robert à ses lugubres préoccu-
pations. Vers la fin du mois d'octobre 1632, aux environs de
la Toussaint, Louis XIII passa à Limoges et de là à Montro-
cher et au bourg de Darnac dans la juridiction du lieutenant
général de la Basse-Marche. Pierre Robert obtint, comme son
père, la haute faveur d'être admis auprès du roi et de lui
adresser une harangue. Il partit accompagné de plusieurs

---

1. Mss. de Robert, Rec. de D. Font., t. 45, p. 681.

officiers et habitants du Dorat, et il rencontra le roi, en pleine campagne, près du bourg de Darnac : « Nous le trouvâmes, « dit-il, dans un petit carrosse qui avoit le fouet à la main et le « menoit tout seul, et il n'y avoit que lui dans ledit carrosse, et « quant il fut près Darnac il monta à cheval et avoit un man- « teau d'écarlatte. Mon harrangue finie, il eut grand peine à « nous dire : *tenés moi cela et je vous serai bon roi* ; car il ne « pouvoit pas parler qu'avec une grande peine, mais il avoit « un fort bon jugement et étoit adroit à toutes sortes d'exer- « cices que l'on lui put montrer. Madame la princesse de Condé « arriva aussi en ces quartiers et logea à Magnac, qui suivoit le « Roi [1]. »

L'heure des triomphes oratoires venait de sonner pour Pierre Robert. Après avoir recueilli les suffrages de la cour de Louis XIII, il se vit appelé à déployer son éloquence devant le parlement réuni dans les Grands-Jours de Poitiers.

Le 11 février 633, Pierre de Fontréaulx, lieutenant criminel du Dorat, avait été assassiné dans son château de Thouron par les fils de l'ancien seigneur dépossédé. Pierre Robert se transporta à Poitiers pour demander justice de cet attentat, et il prononça devant la cour un discours dont nous allons reproduire le pompeux exorde.

« Messieurs,

« Comme les nautonniers cinglants en haute mer parmi les « flots et les vents, les bourrasques et tempêtes, n'espérant rien

---

1. Mss. de Robert, Rec. de D. Font., t. 31, p. 577.

« moins que d'heurter aux écueils, perdre leurs vaisseaux et
« leurs personnes et faire un soudain naufrage, prennent pour
« assuré augure de tout bonheur et commencent à lever leurs
« yeux abattus d'horreur et d'effroy vers le ciel en signe d'allé-
« gresse, si les déités de Castor et de Pollux, que les pilotes
« appellent communément le feu St-Herme (Helme) leur appa-
« raissent sur le tillac ensemble.

« Ainsi, Messieurs, le comté de la Basse-Marche duquel nous
« sommes les principaux officiers, voguant sur l'océan de tant
« de calamités, oppressions, orages, et opprimé de toutes parts
« de tant de violence et excès, perpétrés journellement dans sa
« circonférence par aucuns gentilhommes du pays ou plutôt
« volleurs publics dont le foudre des arquebusades a naguères
« éclaté proditoirement sur maître Pierre de Fontréaulx, lieute-
« nant criminel de notre siège du Dorat, assassiné et massacré
« la nuit dans une sienne maison appelée de Thouron, située à
« la campagne, entre le Dorat et Limoges, a juste sujet et
« raison de s'éjouir à présent de voir vos déités épandre les
« rayons de votre bonne justice sur cet hémisphère de Poitou et
« de la Marche et des autres provinces voisines, pour y mettre
« le calme et dissiper les orages et bourrasques des mal
« vivants, ainsi que les Argonautes dans Plutarque entreprirent
« le tant fameux voyage pour purger la Grèce des pirates et
« voleurs, qui fut cette tant célèbre conquête de la vraye toison
« d'or, ainsi que Sardus et autres sçavants hommes ont judi-
« cieusement interprété[1]. »

---

1. Mss. de Robert du Dorat, Rec. de D. Fonteneau, t. 29, p. 443.

Il paraît que l'effet de ce discours fut immense. Pierre Robert revint enchanté de son succès, et dans l'ivresse du triomphe il écrivit dans ses mémoires : « Il n'y a aucun lieutenant général « de la Cour des Grands-Jours qui emporta tant d'honneur, de « gloire et de louange que moi... Tous ces messieurs dirent par « après par tout Poitiers qu'ils s'étonnoient comme dedans une « petite bicoque qui est le Dorat il y avoit un aussi habile « homme, si sçavant, si docte que moi [1]. »

Parmi les témoignages flatteurs que lui valut sa harangue, Pierre Robert mentionne les félicitations de messieurs Séguier et Talon, et le don non moins précieux que lui fit l'évêque de Poitiers, Louis Chasteigner de la Rochepozay, de l'*Histoire des Chasteigniers* [2]. Tout porte à croire que cette histoire des Chasteignier n'était autre que celle écrite par André du Chesne, qui a été pour nous un guide précieux dans la recherche des origines de la maison Robert.

Quelques années après son apparition triomphale dans les Grands-Jours de Poitiers, Pierre Robert se rendit à Paris, où il acquit le 11 octobre 1637 l'office de président au siége royal du Dorat. Cette nouvelle dignité vint mettre le comble à l'importance judiciaire de notre historien. Malheureusement pour lui il ne s'en était pas tenu à la recherche des hautes fonctions de la magistrature. Non moins désireux de fortune que d'honneur, il avait acheté en 1634 la recette de *quatre deniers pour livre*,

---

1. Mss. de Robert, t. 29, p. 447.
2. Mss. de Robert, t. 30, p. 425.

impôt qui éveilla contre lui les antipathies et les colères des
habitants du Dorat.

Le mécontement populaire gronda sourdement pendant les
années 1634 à 1639. Au mois d'août de cette dernière, des
émeutes éclatèrent dans la ville à l'occasion de l'arrivée des
troupes du baron de Lisnard qui devaient y tenir garnison. Ces
troupes furent chassées de la ville et se virent réduites à en
faire le siége. Nous ne mentionnerons pas ici les péripéties de
ces événements qui se rapportent bien plus à l'histoire du Dorat
qu'à celle de la maison Robert. Nous dirons seulement que les
habitants de la ville puisèrent un nouveau grief contre Pierre
Robert dans sa prétendue connivence avec le baron de Lisnard,
pendant que de son côté le commandant des troupes du siége
accusait le lieutenant général de s'entendre avec les révoltés,
et disaient *qu'il lui en voulait autant qu'aux autres*. Ainsi menacé
des deux côtés, Pierre Robert jugea prudent de se retirer dans
son château de Villemartin, puis ne s'y trouvant pas en sûreté,
il se réfugia successivement au château de Tersannes et à celui
de Droux.

Lorsque la paix fut rétablie dans la ville et que les troupes du
baron de Lisnard se furent éloignées, Pierre Robert rejoignit
son domicile. Il arriva au Dorat le jour de la Saint-Cloud,
7 septembre ; mais il ne tarda pas à se convaincre que les jalousies et les haines suscitées contre lui n'avaient pas désarmé.
Voici comment il raconte les agressions dont il se vit l'objet de
la part de ses concitoyens dès le lendemain de son arrivée :

« Le lendemain après vêpres, jour de Notre-Dame, après la

« procession, François Rampion dit La Gorce, surnommé Bras
« de Fer (chanoine du Dorat), mon ennemi ; Jehan du Chaslard,
« sieur de la Palice, lieutenant particulier du Dorat, ayant joint
« à eux Mᵉ Joseph Philippes, lieutenant criminel, qui me portoit
« soubs chappe un mal terrible et envie de ce que j'avais eu
« l'office du président civil et criminel de la Basse-Marche, firent
« faire dans les cloistres du Dorat une assemblée contre moi ;
« leurs principaux motifs furent pour exciter le peuple à haine
« et à s'émouvoir contre moi, premièrement que j'avois obtenu
« arrest contre les habitants du Dorat par lequel j'avois été des-
« chargé de la taille, le second que j'avois quitté le Dorat pen-
« dant les mouvements du baron de Lisnard contre le Dorat et
« qu'il falloit se bander contre moi et me chasser de la ville, et
« m'envoyèrent dire par mon frère l'advocat (Simon Robert),
« Jacques Vacherie, recepveur, Guillaume Gascon, chanoine, et
« nombre d'autres que si je ne me départois de l'arrest que
« j'avois obtenu contre les habitants, portant descharge de ma
« taille, l'on me rendroit du déplaisir, à quoi *je feis réponse que*
« *j'y penserois.* Mais peu de temps après arriva dans ma maison
« maître Jehan du Chaslard, accompagné dudit Coussaud, sieur
« de Pomeyères (Jean Coussaud, sieur de Pommeireix) et de
« quelques autres, qui, jurant et blasphémant le nom de Dieu, me
« dit que de bon gré ou mauvais gré on me feroit sortir du Dorat
« et que l'on m'en chasseroit ; et environ une heure après, les
« habitants prindrent les armes, passèrent et repassèrent par
« diverses fois devant mon logis, ce qui dura jusqu'à plus d'une
« heure après minuit, tirant divers coups d'arquebuses dedans
« la rue et devant mon logis ; et d'aultant que je fus adverti

3

« qu'il n'y avoit aulcune assurance pour moi parmi lesdits habi-
« tants, le lendemain je m'en retournoi à Villemartin, où je
« demeuroi quelques jours. Mais m'en estant voulu aller au
« Dorat le 14 ou 15ᵉ jour dudit mois de septembre 1639 pour
« vacquer au fait de l'arrière-ban et ayant voulu coucher
« dedans ma maison avec mes serviteurs, comme ce fust environ
« les huit ou neuf heures du soir, le tambour bastit par les
« ruhes du Dorat et grand nombre d'habitants s'assemblèrent
« dedans la maison de ville du Dorat, d'où sortirent en armes
« deux compagnies dont l'une se mit devant mon logis avec le
« tambour au nombre de quatre-vingts ou cent et l'autre avec
« le tambour s'en alla au cimetière de la ville, soubs les
« noyers, le tambour battant. Celle qui estoit devant mondit
« logis, le tambour battant la charge, jettèrent à l'instant une
« gresle de pierres dedans mes fenestres qui sont dedans une cui-
« sine haute du derrière où j'estois ; mais d'aultant que les fenes-
« tres estoient grillées de fer, Dieu feist que les grilles retin-
« drent tous ces coups de pierres, car aultrement les dits coups
« et quantité de pierres qui furent jettées m'eussent accablé et
« n'eusse eu le loisir de m'enfuir ; criant aussi les dits habi-
« tants : *maltouter ! sors que nous te tuons !*... Les clercs de Phi-
« lippes, lieutenant criminel, et de la Palice y estèrent, et estè-
« rent eux avec Rampion dit La Gorce qui en estoient les
« aultheurs. . . . .

« Et d'aultant que je quitté la chambre de devant mon logis
« et m'envint dans ma salle haute qui est sur ma basse-cour,
« alors ceux qui estoient en armes dedans le cimetière que l'on

« appelle *de Lausane*[1] commencèrent à tirer nombre de coups
« d'arquebuses et de mousquets dont du premier coup ils me
« pensèrent donner dedans la tête et s'en fallut de peu qu'ils ne
« le feissent, mais le coup porta au-dessus de mon chapeau..., puis
« tirèrent grand nombre de coups d'arquebuses et de mousquet
« contre mes vitres, fenestres de mon logis et dedans ma porte,
« ce qui dura jusqu'à plus d'une heure après minuit : dont le
« lendemain mes vitres s'en trouvèrent rompues et tout le
« devant de mon logis par le derrière marqué de coups d'arque-
« buses du grand nombre qu'ils en avoient tiré.

« Le lendemain matin j'en feis faire procès-verbal, et dura ce
« tintamarre contre moi l'espace de plus de cinq à six sep-
« maines que toutes les fois que je voulois aller au Dorat l'on
« battoit la grosse cloche, l'on prenoit les armes avec le tam-
« bour en tirant des coups d'arquebuse devant mon logis, et de
« tout cela étoient les aultheurs la Palice et Philippes pour me
« faire quitter le Dorat, et même de me occire secrètement...
« Tous deux machinoient ma mort, particulièrement La
« Palice[2]. »

Dans ses intéressants mémoires Pierre Robert revient plus
d'une fois sur l'inimitié dont il était l'objet de la part du chanoine François Rampion, du lieutenant criminel Joseph Philippes
et de Jean Du Chaslard, sieur de la Palice, et il laisse éclater
contre eux le ressentiment le plus violent.

---

1. Le cimetière de la ville appelé cimetière de l'*Hosanne* occupait les ter-
rains situés derrière la maison Robert.
2. Mss. de Robert, Rec. de D. Font, t. 30, p. 993-997.

Parlant de François Rampion, il trace son portrait en ces mots :
« Vrai démon, le plus méchant et le plus malheureux que
« jamais le pays du Limousin, Haulte et Basse-Marche et Angou-
« mois, ait jamais produit. » •

Parlant de Joseph Philippes et de Jean du Chaslard, il les
appelle ironiquement « les plus saiges et les plus braves officiers
« qui soient du siège de France[1] », et il ajoute avec satisfaction
qu'en avril 1640 Jehan du Chaslard fut, à sa requête, destitué de
son office de lieutenant particulier au siége royal du Dorat.

Pierre Robert ne s'en remit pas uniquement à la postérité du
soin de le venger de ses ennemis ; il voulut appeler sur les coupables toutes les rigueurs de la justice. Sur sa plainte, le chancelier
fit procéder à une information qui, par arrêt du 27 octobre 1639,
fut confiée à M. Frémin, intendant de la justice à Limoges, et un
décret de prise de corps fut rendu contre François Rampion,
Jean du Chaslard et Joseph Philippes.

Il paraît que l'intervention de la justice resta impuissante
pour arrêter les effets de l'inimitié de Joseph Philippes, le plus
acharné des adversaires de Pierre Robert. Ce dernier ayant
voulu au mois de janvier 1640 reprendre son siége de président,
Philippes chassa les avocats et procureurs de l'audience et le fit
laisser tout seul dans ce siége, par dérision.

Ce dernier incident mit le comble à l'exaspération de Pierre
Robert, qui profita d'un voyage fait à Limoges par Philippes pour
le faire arrêter et détenir prisonnier dans cette ville. Mais plu-

1. Mss. de Robert, Rec. de D. Font. t. 30, p. 617.

sieurs seigneurs du pays et notamment Pierre Barthon, vicomte de Montbas, intervinrent auprès du lieutenant général, et celui-ci cédant à leurs prières consentit à se désister de son accusation. Grâce à l'entremise des seigneurs, il fut fait le 15 avril 1640 entre Pierre Robert et Joseph Philippes un traité par lequel les deux adversaires se tinrent réciproquement quittes de tous dépens, dommages et intérêts.

Cette concession coûta cher à Pierre Robert ; confiant dans ces promesses écrites et dans les paroles de tant de seigneurs et gens de qualité, il cessa de s'occuper de sa procédure, et Philippes, profitant de son inaction, obtint un jugement d'absolution avec adjudication de dépens, et il se servit de cette décision pour faire saisir pour plus de 30,000 livres de bestiaux et cavales appartenant audit Robert, « le tout, ajoute celui-ci, pour lui « avoir le dit Robert pardonné librement à la prière de ses « amis ».

Pierre Robert obtint du parlement un arrêt prononçant par provision mainlevée de ses bestiaux, et ordonnant qu'ils lui seraient rendus ; mais il ne put faire exécuter cet arrêt, n'ayant pas retrouvé ses bestiaux. De son côté, Philippes obtint des lettres de rescision de la promesse qu'il avait faite à son adversaire, si bien que, après plusieurs années de luttes judiciaires, Pierre Robert succomba définitivement. Ce procès lui avait coûté 50,000 livres [1].

Pendant que Pierre Robert était aux prises avec les gens de

---

1. Mémoire imprimé, trouvé dans les papiers de la famille Robert.— Mss. de Robert, Rec. de D. Fonteneau.

justice, il se vit troublé encore une fois dans sa sécurité personnelle par l'irruption des hommes de guerre. « Le premier
« jour de février 1652, l'armée du cardinal Mazarin com-
« mença à passer par la Basse-Marche pendant quatre ou cinq
« jours au nombre de huit ou dix mille hommes, à ce que l'on
« disoit. Ayant pris leur chemin par Argenton et Saint-Benoît du
« Sault, Saint-Léger, puis à Dinsac, la Baseuge, Tersanes, Azat,
« Oradour Saint-Genest, Darnac et autres paroisses, foisant des
« maux estranges dans ledit pays,... ils forcèrent mon château
« de Villemartin qu'ils pillèrent, bien qu'il y eut une bonne
« porte de fer avec trois gros cadenats de fer bien fermés en
« clef qu'ils coupèrent, ensemble une grosse porte double
« fermée avec une bonne serrure. Ils forcèrent aussi et pillè-
« rent les chasteaux de la Rivalerie, du Vignault, de la
« Grand-Maison d'Azat, du Ris Chauveron, de Purcy, des Cou-
« tenceries, de la Locherie, du Prieuré de la Plaigne[1]. »

Le passage désastreux des troupes de Mazarin à travers les campagnes de la Basse-Marche paraît être le dernier incident historique auquel Pierre Robert se soit trouvé personnellement mêlé. Désormais il va consacrer le meilleur de son temps à compléter ses immenses travaux, qui aujourd'hui encore font l'admiration des érudits. A vrai dire, l'étude avait été la grande affaire de sa vie. « Pendant tout le temps et nonobs-
« tant les grandes maladies que j'ai eues, les grands procès
« pour lesquels il m'a fallu quasi continuellement aller à la

---

1. Mss. de Robert, t. 29, p. 509-511.

« campagne, mes absences ordinaires, l'exercice de mes
« charges et de mes offices, le ménagement de mes biens... j'ai
« fait et travaillé à quantité de volumes [1]. »

Pierre Robert avait bien le droit de se rendre à lui-même ce
témoignage. Le nombre des ouvrages qu'il a composés est presque
incroyable ; il s'élève à plus de quatre-vingts. Ils comprennent
toutes les branches des connaissances humaines, Histoire, Droit,
Philosophie, Théologie, Science et Littérature.

Dans la biographie de Jean et Pierre Robert par M. Eugène
Lecointre on trouve la nomenclature des quatre-vingts ouvrages
de Pierre Robert parmi lesquels on remarque huit volumes con-
cernant l'histoire des provinces de la Marche, du Limousin et du
Poitou. Une partie importante de ces précieux manuscrits a été
conservée à la postérité par un savant et laborieux bénédictin
du dernier siècle, Dom Fonteneau, religieux de la congrégation
de Saint-Maur [2].

Pierre Robert mourut en 1658 à l'âge de 69 ans, laissant la
réputation méritée de l'un des hommes les plus savants de son
temps. La famille Robert du Dorat a conservé pieusement une
vieille toile qui représente la physionomie austère du savant
historien dans la dernière année de sa vie. L'exergue porte
cette inscription : « Petrus Robertus præses Marchiæ; aetatis 69.
1657. »

---

1. Mss. de Robert, Rec. de D. Fonteneau, t. 30, p. 5.
2. Dom Léonard Fonteneau, né à Jully au diocèse de Bourges, mort à
Saint-Jean-d'Angély le 27 octobre 1780, à l'âge de 75 ans.

PIERRE ROBERT avait eu de son mariage avec LOUISE THOMAS
cinq enfants :

I. Pierre Robert, qui suit ;

II. Paul Robert, sieur de Saint-Sornin, qui, après avoir fait ses
études de rhétorique, de philosophie et de droit, embrassa la
carrière militaire. Il se trouva à la bataille de la Marfée
le 6 juillet 1641. Il assista également à la journée de Sédan,
« où son capitaine fut tué et emporté près de luy d'un coup
« de coulevrine et tant de gens tués ou pris prisonniers près
« de luy, qui lui fut dès lors avis de quitter le monde[1]. » En
effet, le jour de Notre-Dame de septembre 1641, Paul Robert,
qui avait eu déjà la douleur de perdre sa femme, Anne de la
Pinardière, et ses enfants, prit l'habit des Pères de l'Oratoire.

III. Jean Robert, } morts en bas âge.
IV. Jacques Robert, }

V. Autre Pierre Robert, mort en février 1643, à l'âge de huit ou
neuf ans.

V. PIERRE ROBERT, ÉCUYER, SIEUR DE VILLEMARTIN, fils aîné
de Pierre Robert et de Louise Thomas.

Il épousa le 28 mars 1647, jour de la mi-carême, Louise, fille
de Philippe de Laige, chevalier, sieur de Sarbois en Berry, et
d'Antoinette du Rieu, sa parente au quatrième degré. Dans la
dispense que lui octroya l'archevêque de Bourges il fut prescrit

---

1. Mss. de Robert, Rec de D. Font. t. 30, p. 1003.

« qu'il n'y auroit ni bal ni danse et que tout se passeroit avec
« toute modestie[1] ».

Il fut, par la résignation de son père, pourvu des offices de
lieutenant général, président et commissaire enquêteur et examinateur de la Basse-Marche, par lettres d'août 1647 et fut reçu
au parlement de Paris en mai 1648.

Pierre Robert ne fut pas à l'abri des ennuis qui accompagnent
les honneurs. Il eut, en effet, un procès très-onéreux avec Gabriel Tourniol, sieur du Bouchet, président au siége présidial de
Guéret, sur le règlement des droits de leurs charges. Condamné
par arrêt du grand conseil à payer à son adversaire, à titre de
dépens, la somme considérable de 5,588 livres, il se vit obligé
de faire intervenir Louise de Laige, sa femme, qui cautionna sa
dette envers Gabriel Tourniol; ce dernier céda sa créance aux
sieurs Laurent Robert, Paul Robert, autre Laurent Robert, chanoine du Dorat, et à Jean Robert, sieur de la Marquetière, par
acte du 26 juin 1682, moyennant la somme de 1407 livres 13 sols.
La nécessité de faire face à cette obligation jointe à d'autres
charges non moins lourdes devait forcer le petit-fils de Pierre
Robert, son héritier direct, à aliéner l'office de lieutenant général, qui passa à François Augier [2].

Pierre Robert mourut le 24 février 1685, laissant de son
mariage avec LOUISE DE LAIGE plusieurs enfants :

I. Pierre Robert, qui naquit au château de Villemartin en la

---

1. Mss. de Robert, Rec. de D. Fonteneau, t. 45, p. 603.
2. C'est par une erreur évidente que dans le Dictionnaire de Beauchet-
Filleau on désigne Philippe Robert, fils de Pierre Robert, Sr de Villemartin

paroisse de Dinsac le 27 septembre 1648. Il fut ondoyé par Pierre Merlin, curé de la Bazeuge, et fut baptisé au Dorat le 8 décembre 1652. Il eut pour parrain Pierre Robert, l'historien du Dorat, son aïeul, et pour marraine Antoinette du Rieu. Il entra dans les ordres et mourut Jésuite à La Rochelle[1].

ii. Philippe Robert, qui suit ;

iii. Autre Pierre Robert, qui naquit en 1650 et eut pour parrain Pierre de Lèze, seigneur de la Côte au Chapt, et pour marraine Françoise du Rieu, dame de Sarzay. Il mourut quelques mois après sa naissance et fut inhumé dans le cimetière de l'Hozanne, dans la chapelle de Saint-Antoine de Padoue appartenant à son aïeul[2].

iv. Berthe-Paule Robert, qui eut pour parrain Paul de Nollet, sieur de Lespault, sénéchal de la Basse-Marche, et pour marraine Berthe Robert, veuve de Jean Neymond. Elle épousa Jean Boni de Lavergne, écuyer, sieur de Montusson.

v. Claude Robert, chevalier de Villemartin, qui suivit le parti des armes et fut grenadier de la garde ordinaire du roi. Il prit sous sa protection son neveu Pierre, fils de Philippe Robert, qui perdit son père fort jeune, et lui conserva le dépôt des lettres de provisions et offices ayant appartenu à son

---

comme ayant succédé à ce dernier dans sa charge de lieutenant général au siége royal du Dorat.

1. Généalogie de Jean Robert et de Mathée Orlhe, par le chanoine Laurent Robert.

2. Mss. de Robert du Dorat, Rec. de D. Fonteneau, t. 44, p. 605.

aïeul. Il résida au château de Villemartin, où il mourut sans laisser de prospérité, assassiné par un de ses valets [1].

VI. PHILIPPE ROBERT, ÉCUYER, SIEUR DE VILLEMARTIN et de Saint-Sornin la Marche.

Il naquit au Dorat en janvier 1653 et eut pour parrain Philippe de Laige, chevalier, sieur de Sarbois, son grand-père, et pour marraine Anne de Barbançois, épouse de Maximilien Lignaud, chevalier, seigneur de Lâge Bernard [2].

Il mourut le 19 janvier 1685, un mois avant son père, laissant de son mariage avec LOUISE-SILVIE DU RIEU [3] :

I. Gaspard Robert, qui mourut vers 1684.

II. Pierre Robert, qui suit.

VII. PIERRE ROBERT, ÉCUYER, SIEUR DE VILLEMARTIN, Boisseuil, Font-Buffaut, Murat, etc. Il eut le malheur de perdre son père fort jeune; et sa mère Louise-Silvie du Rieu se vit, comme il a été dit plus haut, dans la nécessité de vendre les offices de son aïeul. Plus tard il devint conseiller du roi et président en l'élection de Limoges.

Il mourut au Dorat le 17 mars 1731 et fut inhumé dans la chapelle de Saint-Antoine de Padoue dans le cimetière de l'Hozanne. Il laissa de son mariage avec MARIE DEJOYET :

---

1. Généalogie de J. Robert, par le chanoine Laurent Robert.
2. Mss. de Robert du Dorat, Rec. de D. Fonteneau, t. 33, p. 346, t. 45, p. 605.
3. Louise Silvie du Rieu épousa en deuxièmes noces, le 21 février 1688, Jean Laurent de Bagnol, lieutenant criminel du Dorat.

I. Marie-Silvine Robert, qui suit ;

II. Louise-Silvine Robert, qui épousa le 18 octobre 1763 Paul-Jean de Chamborand, écuyer.

VIII. MARIE-SILVINE ROBERT DE MURAT, dame de VILLE-MARTIN. Elle épousa le 26 janvier 1750 Antoine-Amable DU BREUIL-HÉLION, chevalier, seigneur de la GUÉRONNIÉRE, des Combes et autres lieux, ancien capitaine au régiment de Picardie, fils aîné de feu Louis Bernard du Breuil-Hélion, chevalier, seigneur de la Guéronnière, et de Madeleine Vidard de Saint-Clair. Veuve en 1789, elle figura à l'assemblée générale des trois ordres réunis en la ville du Dorat le 16 mars de ladite année.

Une des conséquences de cette union fut de faire passer momentanément dans la maison de la Guéronnière la terre de Villemartin, antique patrimoine de la maison Robert. Mais cette terre est revenue à la famille de ses anciens maîtres, grâce à l'acquisition qui en a été faite, à la date du 14 mars 1827, par M. Silvain-Laurent Robert.

---

1. Papiers de la famille Robert.

ROBERT DU DORAT

BRANCHE CADETTE DITE DE LA MARQUETIÈRE.

IV. SIMON ROBERT, fils de Jean Robert, écuyer, sieur de Saint-Sornin la Marche, lieutenant général, et de Mathine Orlhe, naquit au Dorat le 11 décembre 1594[1]. Il fut avocat en Parlement et au siége royal du Dorat.

Il mourut dans cette ville le 22 mai 1664, laissant de son mariage avec MARIE DOUADIC, sœur de Laurent Douadic, conseiller du roi à Montmorillon, quatorze enfants, savoir :

I. Laurent Robert, qui naquit le 25 octobre 1625. Il eut pour parrain Laurent Douadic et pour marraine Mathée Orlhe.

Il entra dans les Ordres et devint chanoine de l'église Saint-Pierre du Dorat et sous-chantre du chapitre; il fut, en outre, seigneur Bailial de Saint-Ouën. Il mourut le 16 octobre 1702, et fut inhumé dans l'église collégiale, devant l'autel de Saint-Léonard.

Dans l'inventaire dressé après son décès le 20 novembre 1702, on mentionne entre autres objets :

---

1. Mss. de Robert du Dorat, Rec. de D. Fonteneau, t. 45, p. 595.

« Un vieux coffre sur lequel figuraient les armoiries de la
« maison Robert [1] ».

II. Pierre Robert, qui naquit le 8 septembre 1627. Il eut pour
parrain son oncle Pierre Robert, sieur de Villemartin, lieutenant général de la Basse-Marche; et pour marraine Jeanne
Douadic.
Il entra dans les Ordres et fut moine Récollet.

III. Paul Robert, qui naquit le 2 avril 1630. Il eut pour parrain
Paul Douadic, sieur de Hautefeuille, et pour marraine Berthe
Robert, veuve de Jean Neymond, lieutenant des eaux et forêts
et avocat au siége royal du Dorat.
Il entra dans les ordres et fut chanoine du Dorat, où il mourut
en 1683.

IV. Horace Robert, qui naquit le 7 septembre 1632. Il eut pour
parrain Horace Merigot, chanoine du Dorat et curé de Darnac,
et pour marraine Jeanne Lefebvre.

V. Catherine Robert, qui naquit le 2 avril 1634. Elle eut pour
parrain Jacques Robert sieur des Arsis et pour marraine
Catherine de Fontréaulx, épouse de Pierre du Monteil sieur de
La Grange Saint-Savin, assesseur de la Basse-Marche.

VI. Louise Robert, qui naquit le 21 janvier 1636. Elle eut pour
parrain Jacques Robert, sieur du Bois de Lavaud, son oncle,
et pour marraine Louise Douadic, femme de Louis Maillasson,
procureur à Montmorillon.

---

1. Papiers de la famille Robert.

vii. Marie Robert, qui naquit le 21 juillet 1637. Flle eut pour parrain Michel Pinaud, avocat, et pour marraine Marie Philippes, épouse de Jean Neymond.

viii. Autre Pierre Robert, sieur de La-Rivière, qui naquit le 15 janvier 1639. Il eut pour parrain Pierre Faulconnier, sieur de Lage Meillaud, et pour marraine Anne Merigot, épouse de Jacques Robert, sieur du Bois de Lavaud.

Il prit le parti des armes et devint capitaine d'infanterie au régiment du maréchal de Clérembaud.

ix. Autre Pierre Robert, sieur de Hautefeuille, qui naquit le 31 décembre 1640. Il eut pour parrain Pierre Robert, sieur de Villemartin, et pour marraine Anne de Montbel.

Il prit aussi le parti des armes. Enseigne du maréchal de Clérembaud à l'âge de 24 ans, il devint dans la suite capitaine au régiment d'infanterie de la Chastre. Après avoir servi le roi trente-cinq ans, il obtint une pension de 500 livres.

Il mourut au Dorat le 27 juillet 1694 et fut inhumé dans l'église Saint-Pierre de cette ville.

x. Jean Robert, qui naquit le 31 mars 1642. Il eut pour parrain Jean Neymond, sieur de Pezard, avocat, et pour marraine Jeanne Robert, épouse de Michel Pinaud.

xi. François Robert, qui naquit le 27 avril 1643. Il eut pour parrain François Pitan, avocat, et pour marraine Anne Douadic.

Il entra dans les ordres et fut moine bénédictin.

xii. Autre Laurent Robert, qui naquit le 14 juillet 1645. Il eut pour parrain Laurent Robert, chanoine du Dorat, son frère, et pour marraine Berthe Pinaud.

Il entra dans les ordres et fut chanoine de l'église Saint-Pierre
du Dorat. Il mourut le 30 mars 1725 et fut inhumé dans
l'église collégiale.

Il a laissé des notes précieuses pour l'histoire de la famille
Robert, sous le titre de : *Généalogie de Jean Robert, lieutenant
général, et de Mathée Horlhe, sa femme, et de Françoise Horlhe,
sa sœur.*

xiii. Autre François Robert, qui naquit le 18 février 1648. Il eut
pour parrain François de Mastribut, docteur en médecine, et
pour marraine Marie Robert, fille de Jacques Robert, sieur des
Arsis.

xiv. Autre Jean Robert, qui suit :

V. JEAN ROBERT, sieur de la MARQUETIÈRE, naquit le
23 juillet 1651 du mariage de Simon Robert et de Marie
Douadic.

Il eut pour parrain Jean Robert, sieur des Arsis, avocat en Parlement, et pour marraine Louise de Laige, dame de Villemartin.

Il n'avait que treize ans à la mort de son père. On réunit
un conseil de famille pour lui donner un tuteur qui fut Laurent
Robert, chanoine de l'église Saint-Pierre, son frère aîné. Il est
intéressant de reproduire le préambule de la délibération du
conseil de famille, dans lequel figurent les noms de tous les
personnages qui composaient alors la famille Robert.

« Aujourd'hui vingt-septième de May mil six cent soixante-
« quatre, par devant nous Joseph Aubugeoys[1], sieur de la Bou-

1. Joseph Aubugeois, sieur de la Boujonnière, juge châtelain du Dorat,

« jonnière, advocat en parlement, juge chastellain sénéchal de la
« ville du Dorat pour Messieurs dudit lieu, est comparu en sa
« personne messire Laurens Robert, prestre, chanoine en l'es-
« glise royalle et collégiale monsieur Saint Pierre de cette ville,
« quy nous a dit et remonstré que le vingt-deux du présent mois
« seroit décedé honorable maistre Simon Robert, advocat en
« parlement et au siège royal de la Basse-Marche au Dorat, qui
« auroit laissé ledit sieur Robert, Pierre Robert, sieur de La
« Rivière, capitaine d'infanterie au régiment de monsieur le
« maréchal de Clérambaud, Paul et Louize Robert, majeurs, et
« autre Pierre, âgé de vingt-trois ans, Laurens, âgé de dix-neuf
« ans, et Jean Robert, âgé de treize ans ; et d'aultant que ledit
« Pierre le jeune et Laurens sont absants, sçavoir ledit Pierre,
« sieur d'Autefeuille, enseigne au mesme régiment de Cléram-
« baud estant en garnison à Bapaulme, païs d'Artois, et ledit
« Laurens, escollier en la ville d'Angoulesme, il est nécessaire
« de pourvoir à la conservation de leurs droits héréditaires en
« la succession dud. feu Robert leur père.

  « C'est pourquoy il auroit fait appeler par-devant nous à ce
« jour et heure honorable maistre Pierre Robert, conseiller du
« roy, son président et lieutenant général en la sénéchaussée de
« la Basse-Marche, nepveu dudit feu sieur Robert, Jacques
« Robert, sieur des Arcis, autre Jacques Robert, sieur du Bois de
« Lavault frère dudit feu Robert et maistre Jean Neymond sieur

---

époux de Catherine Durivaud, nièce du jurisconsulte Joseph Boucheul, sieur
de la Gaignerie, avocat au Dorat.
  1 Papiers de la famille Robert.

« de Pezards, advocat en parlement et au siège royal de la Basse-
« Marche au Dorat, sénéchal du Ris, nepveu dudit feu Robert,
« Paul Robert, sieur de Saint-Sornin, nepveu, Simond Pinaud,
« sieur d'Ambé, aussi nepveu dudit feu sieur Robert, tous pro-
« ches parents desdits mineurs[1]. »

Le 31 juillet 1679, Jean Robert épousa Anne, fille de
Jean Maurat, avocat et substitut du procureur du roi au siège
royal du Dorat, et de Catherine Aubugeois. Ce fut le chanoine
Laurent Robert qui célébra le mariage dans la collégiale du Dorat.

Le 4 janvier 1683, il partagea avec Pierre Vrignaud, sieur de
la Vergne, conseiller du roi à Montmorillon, son beau-frère, la
succession de Jean Maurat et de Catherine Aubugeois. Il eut dans
le lot d'Anne Maurat sa femme la dixme de Maisonsauzy en la
paroisse de Saint-Hilaire-la-Treille, le domaine du Chapeau
Rouge, les rentes nobles de Pouffary, du Montséjot et du Puy-
grenet d'Azat le Ris, une vigne sise au village du Pin en la
paroisse de Saint-Sornin la Marche et le pré des Rivières au-
dessus du château du Dorat[2].

Le 19 juillet 1685, Jean Robert acquit de Louise-Silvie du
Rieu, veuve de Philippe Robert, sieur de Villemartin, la métairie
de la Faye, paroisse de Voulon.

En 1690 il acquit encore la grande métairie de Sauzet, paroisse d'Azat le Ris, des héritiers de Me Maurice Deschamps, sieur
de Sauzet[3]. Enfin il appert d'une quittance en date du 2 avril
1698 que Jean Robert acquit de Jean Aubugeois, docteur en

---

1. Papiers de la famille Robert.
2. *Idem.*
3. *Idem.*

médecine, fils de Jean Aubugeois sieur de la Ville du Bost, la petite métairie de Sauzet ainsi que les terres et seigneuries de la Villate, de Mondon, sises audit lieu [1].

Jean Robert, déjà avocat en parlement et au siége royal du Dorat, fut pourvu de l'office de greffier des rôles des tailles et de celui de syndic perpétuel du Dorat, charges qui furent supprimées par un édit du 19 juin 1717 [2].

Il mourut le 17 août 1693, laissant de son mariage avec ANNE MAURAT plusieurs enfants, savoir :

I. Jeanne Robert, qui naquit le 8 juillet 1680. Elle eut pour parrain Laurent Robert, chanoine et sous-chantre de l'église du Dorat, et pour marraine Jeanne Maurat, femme de Pierre Vrignaud, sieur de la Vergne, conseiller du roi à Montmorillon. Elle mourut le 5 octobre 1681 et fut inhumée à côté de l'autel de la chapelle Saint-Antoine dans le cimetière de l'Hosanne [3].

II. Louise Robert de Sauzet, qui naquit le 1er août 1681. Elle eut pour parrain Jean Aubugeois, son grand-oncle maternel, et pour marraine Louise Robert, sa tante. Elle mourut au Dorat le 6 août 1750 et fut inhumée dans l'église des religieuses de la Trinité.

III. Marie-Geneviève Robert, qui naquit le 10 janvier 1683. Elle eut pour parrain Paul Robert, chanoine du Dorat, son oncle,

1. Papiers de la famille Robert.
2. Idem.
3. Idem.

et pour marraine Marie de la Chaulme. Elle épousa le 25 mars 1710 Jacques Vacherie, sieur de la Valette[1], avocat en parlement, conseiller du roi, fils de Joseph Vacherie, juge des bailies, et de Marguerite Merlin. Il mourut au Dorat le 17 septembre 1765, et fut inhumé dans l'église des religieuses de la Trinité.

IV. LAURENT ROBERT, qui suit ;

V. Marie-Thérèse Robert, qui naquit le 15 juin 1690. Elle eut pour parrain Laurent Robert le jeune, chanoine du Dorat, et pour marraine Marie de la Coste, épouse de Guillaume de la Chevrerie, avocat. Elle fut religieuse à Montmorillon.

VI. LAURENT ROBERT, SIEUR DE LA MARQUETIÈRE, qui naquit le 1er mai 1685. Il eut pour parrain Laurent Robert, chanoine et sous-chantre de l'église du Dorat, son oncle, et pour marraine Catherine Aubugeois, épouse de Robert de Verdilhac.

Mineur à la mort de Jean Robert, son père, il fut placé sous la tutelle d'Anne Maurat, sa mère. Dans l'inventaire dressé après décès, à la date du 13 octobre 1693, il est mentionné, entre autres objets précieux, *vingt bagues d'or, dont six munies de pierres et une chaînette d'or*[2].

---

1. De cette union est issue Marie-Thérèse-Geneviève Vacherie de la Valette, qui épousa le seigneur Louis Dutheil, père de Jacques, marquis Dutheil, sgr de la Rochère, de l'Age-Malcouronne, chevalier de saint Louis, lequel figura à l'Assemblée générale des trois ordres réunie au Dorat en 1789. (Catalogue des gentilshommes de la Marche, par Louis de la Roque et Édouard de Barthélemy)
2. Papiers de la famille Robert.

Le 21 janvier 1701, Anne Maurat sollicita du Chapitre l'amortissement des anniversaires de Simon Robert, avocat, de Pierre Robert, sieur de Hautefeuille, et de Laurent Robert le jeune, chanoine, qui se célébraient chaque année en l'église Saint-Pierre. Il fut fait droit à sa requête, et le chanoine Joseph Aubugeois[1] fut chargé de passer acte de cet amortissement[2].

En l'année 1704, la veuve de Jean Robert obtint pour son fils Laurent la charge de greffier des rôles des tailles du Dorat. Elle eut à cette occasion à lutter contre les consuls de cette ville qui voulaient les forcer, elle et son fils, à faire la levée des deniers. Elle adressa sa plainte à l'intendant de la généralité de Limoges en lui exposant « qu'il n'avoit jamais été d'usage et qu'il étoit « inouï qu'une femme fasse la collecte des deniers du roy et « encore moins un mineur fils de famille ». Cette requête eut un plein succès, et la mère et le fils se virent déchargés des fonctions de ladite collecte[3].

Laurent Robert devint avocat en parlement et au siége royal du Dorat et juge sénéchal de cette ville. Il ajouta à ces charges celle de syndic perpétuel, dont il ne jouit pas longtemps, car elle fut abolie, comme on l'a vu plus haut, par un édit du mois de juin 1717.

---

1. Joseph Aubugeois, chanoine et curé du Dorat, est l'auteur de deux billets manuscrits qui font connaître l'état des reliques des saints Israël et Théobald en l'année 1701. (*Vie de saint Israël et de saint Théobald*, par l'abbé Rougerie, page 272.)

2. Extrait des actes capitulaires du chapitre de Saint-Pierre du Dorat.

3. Papiers de la famille Robert.

Le 4 septembre de la même année il acquit la métairie de Chassat, paroisse de Saint-Sornin la Marche, vendue par adjudication sur Albert Aubugeois, sieur de Chassat, époux de Marguerite de la Bajauderie[1]. Le 18 janvier 1721, il acquit tous les droits seigneuriaux dus à l'ancien propriétaire par le village de Chassat et les diverses tenues qui en dépendaient[2].

Resté veuf de RADEGONDE VRIGNAUD de Montmorillon, Laurent Robert, sieur de la Marquetière, se remaria le 21 décembre 1721 à Jeanne fille de René de la Vergne, sieur de Lardilière, et de Marie Goudon, de la même ville. Il mourut le 30 septembre 1736, âgé de 52 ans, et fut inhumé dans l'église Saint-Pierre du Dorat.

Il avait eu de son mariage avec JEANNE DE LAVERGNE :

i. Anne Robert, qui naquit le 19 novembre 1722. Elle eut pour parrain René de la Vergne, son grand-père, et pour marraine Anne Maurat, sa grand'mère. Elle mourut à peine âgée d'un an.

ii. Laurent-Silvain Robert, qui naquit le 27 février 1724. Il eut pour parrain Laurent Robert, chanoine du Dorat, et pour marraine Marie Goudon. Il suivit le barreau de Paris, où il mourut en septembre 1747.

iii. Jean-François Robert de Beaumont, qui naquit le 22 avril 1725. Il eut pour parrain François de la Vergne de Lardilière, avocat à Montmorillon, et pour marraine Marie-Louise Robert de Sauzet.

---

1. Papiers de la famille Robert.
2. *Idem.*

Etant entré dans les ordres, il devint prêtre de la congrégation de Saint-Sulpice, et fut envoyé dans les missions du Canada. Il s'embarqua à La Rochelle en 1753, en compagnie de deux moines récollets et de deux prêtres séculiers. On trouve dans la correspondance qu'il entretint avec son frère Jacques Robert de précieux témoignages de sa piété et de son zèle pour la religion.

Avant de quitter la France, il lui écrivait de La Rochelle le 22 mai 1752 : « Rien n'est stable dans le monde. Il faut se « tourner du côté de Dieu, qui seul est immuable et permanent. « Attachons-nous-y.

« Quoique vous soyez dans le monde, ne vivez pas selon le « monde; prenez un grand soin de votre famille, mais prenez un « plus grand soin, j'ose vous le dire, de vous-même. N'oubliez « pas la manière dont nous avons été élevés, afin que vous puis- « siez élever ainsi ceux que le Seigneur vous confiera; mais, sur « toutes choses, éloignez-vous de toutes nouveautés en fait de « religion, regardez toutes les nouveautés comme perni- « cieuses. »

Douze années plus tard, il lui écrivait de Montréal à la date du 13 septembre 1764 : « Si vous aviez du plaisir à me voir, je n'en « aurais pas moins : c'est cependant à quoi il ne faut pas penser. « Le sacrifice est commencé, il faut l'achever. D'ailleurs tant de « peuples catholiques demeureraient-ils sans pasteurs? Quelle « lâcheté de notre part, si nous les abandonnions ! Vous seriez « le premier à me blâmer. Ainsi travaillons à nous revoir à « l'éternité[1]. »

---

1. Papiers de la famille Robert.

Il mourut à Montréal le 23 avril 1784, et fut enterré dans l'église de cette paroisse sous la voûte du chœur[1].

Le vicaire général du diocèse de Québec, Montgolfier, annonça sa mort à Jacques Robert par une lettre du 26 avril 1784 qui contient le panégyrique touchant du saint missionnaire :

« Quelque sensible que vous puissiez être à la perte que je « vous annonce, vous ne le serez certainement pas plus que moi. « Je lui étais également attaché par les nœuds de l'amitié et « de la religion, et quiconque aime la gloire de Dieu ne peut « que regretter le grand vide que cette mort nous laisse dans « cette province.

« Vous savez qu'il y a aujourd'hui plus de trente ans qu'il « travaillait dans ce pays avec édification, zèle et succès. Attaché « successivement à plusieurs emplois du sacré ministère, car il « était bon à tout et toujours prêt à tout, il a d'abord travaillé « dans les missions des Iroquois, où il réussissait à merveille « et dont il avait appris parfaitement le langage. Il a servi « ensuite dans plusieurs paroisses canadiennes, où il a toujours « fait beaucoup de bien. Enfin usé par ses travaux et chargé « d'infirmités, les quatre dernières années de sa vie, il a été oc- « cupé à la conduite d'un hôpital et à la direction des religieuses « qui le servent, occupation bien conforme alors à son attrait « pour la vie intérieure et cachée ; et c'est dans cet emploi « humble et laborieux qu'il vient de finir sa carrière[2]. »

---

1. Extrait des registres des sépultures de Québec.
2. Papiers de la famille Robert.

IV. JACQUES ROBERT, qui suit ;

V. François-Israël Robert, qui naquit le 20 avril 1729. Il eut pour parrain François Vrignaud, chanoine du Dorat, et pour marraine Marie-Geneviève Robert, épouse de Jacques Vacherie de la Valette. Il mourut à l'âge de 12 ans.

VI. Marie-Geneviève-Thérèse Robert, qui naquit le 23 août 1730. Elle eut pour parrain Pierre Vrignaud de Chanteloube, chanoine et curé du Dorat, et pour marraine Geneviève-Marie-Thérèse Robert, religieuse à Montmorillon. Elle mourut le 17 avril 1731.

VII. Jean-Métèce Robert, sieur de la Marquetière, qui naquit le 13 octobre 1731. Il eut pour parrain Jean Vrignaud de Richefort, chanoine du Dorat, et pour marraine Louise-Geneviève Vacherie de la Valette.

Après avoir fait ses études, il prit le parti des armes et devint gendarme de la garde du roi.

Il épousa Catherine Hugonneau, qui lui donna plusieurs enfants, savoir :

1. François-Jean Robert, né le 11 juillet 1761. Il eut pour parrain François-Jean Robert, missionnaire au Canada, et pour marraine Marie Michelle de Boyat. Il mourut en bas âge.

2. Jeanne Robert.

3. Marie-Anne Robert.

4. Marie Robert de Saint-Ouen.

5. Philippe-Métèce Robert de la Marquetière.

Il émigra lors de la révolution de 1793, et mourut en exil, sans postérité.

VIII. Silvain-Laurent Robert de Hautefeuille, qui naquit le 4 décembre 1732. Il eut pour parrain Silvain-Laurent Robert, son frère aîné, et pour marraine Marie-Thérèse-Geneviève Vacherie de la Valette. Il prit le parti des armes, et fut gendarme de la garde du roi et chevalier de Saint-Louis.

Arrêté au Dorat pendant la tourmente révolutionnaire, il recouvra sa liberté le 10 nivôse an III, et il mourut sans postérité le 26 termidor an VIII.

IX. René-François Robert, qui naquit le 18 novembre 1734. Il eut pour parrain François-Jean Robert et pour marraine Marie-Geneviève de la Vergne. Il est mort au berceau.

X. Marie-Geneviève Robert, qui naquit le 9 décembre 1736. Elle eut pour parrain Jacques Robert, son frère, et pour marraine Marie-Geneviève Vrignaud. Elle mourut le 23 juin 1790[1].

VII. JACQUES ROBERT, né le 26 juillet 1727. Il eut pour parrain Jacques Vacherie de la Valette et pour marraine Jeanne Vrignaud.

Il n'avait que neuf ans à la mort de son père. Jeanne de

---

1. Cette généalogie des enfants de Laurent Robert et d'Anne Maurat est extraite des registres de l'état civil du Dorat.

la Vergne, sa mère, lui fit donner une éducation solide. Après avoir obtenu des lettres de bachellerie en droit, il suivit le barreau de Paris pendant trois ans. Il épousa le 24 février 1754 Marie-Geneviève, fille d'André Gascon de Planchecourte, et de Louise de La Chaulme. Par son contrat de mariage il reçut, à titre de préciput, l'office de conseiller du roi, commissaire contrôleur, receveur général aux saisies réelles de la sénéchaussée de la Basse-Marche[1].

Trois années plus tard il partagea la succession de son père et obtint dans son lot les deux métairies et borderies de Chassat avec les rentes qui en dépendaient, la vigne de la Forge au village du Pin, une maison au Dorat et un pré situé auprès du cimetière de cette ville[2].

Jacques Robert mourut au Dorat en 1793, laissant de son mariage avec MARIE GASCON :

I. Jeanne-Geneviève Robert, qui naquit le 17 février 1755. Elle eut pour parrain Jean-Baptiste Coussaud du Pin, avocat, et pour marraine Jeanne de la Vergne. Elle mourut le 28 août 1768, et fut inhumée dans l'église des religieuses bénédictines du Dorat.

II. Marie Robert, qui naquit le 2 mars 1757. Elle eut pour parrain Jean-François Robert, missionnaire au Canada, et pour marraine Marie Lamothe, épouse de Jean Coussaud du Pin. Elle mourut le 10 février 1759.

---

1 Papiers de la famille Robert.
2. *Idem*.

III. Jean-Métèce Robert, qui naquit le 25 avril 1758. Il eut pour parrain Jean-Métèce Robert de la Marquetière, et pour marraine Françoise Gascon du Couret. Il mourut le 12 juillet 1759.

IV. Laurent-Silvain Robert, qui naquit le 20 août 1759. Il eut pour parrain Laurent-Silvain Robert de Hautefeuille et pour marraine Marie Duclos, épouse d'Antoine Coussaud du Bost, conseiller du roi et son assesseur criminel au siége royal du Dorat. Il mourut âgé de deux mois et fut inhumé dans l'église de Saint-Sornin la Marche.

V. Marie Robert, qui naquit le 27 octobre 1760. Elle eut pour parrain François Vrignaud, chanoine du Dorat, et pour marraine Marie Hugonneau, épouse de Jean-Métèce Robert de la Marquetière.

VI. Antoine-Benoît Robert, qui naquit le 11 juillet 1762. Il eut pour parrain Antoine Coussaud du Bost, et pour marraine Marie-Thérèse Vacherie, épouse de Louis Dutheil de la Rochère. Il mourut le 5 juillet 1768.

VII. Joseph Robert, qui suit ;

VIII. François Robert, qui naquit le 16 mars 1766. Il eut pour parrain François Boucquet du Ris et pour marraine Jeanne-Geneviève Robert. Il mourut le 1er février 1767 au village des Vareilles, paroisse de Droux.

IX. Jean-Jacques Robert, qui naquit le 9 août 1769. Il eut pour parrain Jean Boucquet et pour marraine Marie Robert. Il mourut au Dorat le 14 septembre 1787.

VIII. JOSEPH ROBERT, qui naquit le 13 août 1764. Il eut pour parrain Joseph Boucquet, sieur du Ris, et pour marraine Marie Vacherie, épouse du sieur de Lardilière. Il fit avec succès ses études au collége Sainte-Marthe de Poitiers et obtint successivement le titre de bachelier en droit le 12 juin 1783 et celui de licencié le 26 juin 1786.

Il épousa le 20 octobre 1794 à Saint-Bonnet la Marche MARIE-ROSALIE, fille de JACQUES SAVARD et de Marguerite La Salle. Joseph Robert fut honoré du titre de conseiller général. Il mourut jeune encore, le 29 mai 1806, laissant deux enfants :

I. Marie-Clémentine Robert, née au Dorat le 8 pluviôse an IV (8 février 1796). Elle fut baptisée par Antoine Chesne des Maisons, faisant les fonctions de ministre du culte catholique.

Mademoiselle Robert, qui est aimée et vénérée de tous, a consacré ses longs jours au service de Dieu et des pauvres.

II. LAURENT-SILVAIN ROBERT, qui suit.

IX. LAURENT-SILVAIN ROBERT est né le 12 vendémiaire an VII (3 octobre 1798).

Il a épousé le 11 septembre 1837 MARIE-FÉLICIE CHESNE[1], fille de Pierre-Jacques Chesne et de Marie-Julie Montaudon des Fougères.

---

1. Nous donnons ci-après la généalogie de la famille CHESNE, dont le nom se trouve aujourd'hui si honorablement uni au nom de ROBERT.

M. Robert a rempli avec honneur les fonctions de maire dans sa ville natale.

Il est aujourd'hui le seul représentant de l'ancienne et illustre maison des Robert du Dorat.

Fidèles aux traditions généreuses de leur famille [1] M. et Mme Robert viennent de gratifier l'antique collégiale du Dorat d'un orgue magnifique, qui a été béni solennellement le 12 juin 1876 par Mgr Duquesnay, évêque de Limoges.

---

1. On trouve dans le manuscrit de l'historien Robert une note ainsi conçue :

« Mémoire des choses que j'ai donné aux églises de cette ville du Dorat.

« Premièrement, lorsque les pères Récollets se bastirent en cette ville du « Dorat, je leur donnai cent livres pour leur bâtiment.

« Plus, je leur ay donné le tabernacle qui est sur le grand autel, qui « cousta à Poitiers quatre-vingt escus ou douze vingt livres.

« Plus, je leur ay donné le grand tableau qui est dans la chapelle de Saint- « François, qui cousta la somme de 150 livres avec le cadre, les treilles, la « serrure, etc.

« Plus, moi et mon fils Pierre Robert avons donné une lampe d'argent dans « l'église de Saint-Pierre du Dorat, pour mettre devant le grand autel, de « 200 livres.

« Plus j'ay baillé une rosbe de gaze d'argent à l'image de Nostre-Dame qui « est dans l'église de Voulon. »

Mss. de Robert, Rec. de D Fontencau, t. 30, p. 796.

APPENDICE.

GÉNÉALOGIE DE LA FAMILLE CHESNE.

La famille Chesne est une des plus anciennes du Dorat. Elle a possédé les seigneuries du Faon, d'Escurat, du Pescher, de la Bussière, du Mazeix et des Maisons. Elle a fourni des hommes distingués à l'Église et à la sénéchaussée.

PIERRE CHESNE, premier personnage connu de la famille, vivant dans la deuxième moitié du XVIe siècle, avait épousé CATHERINE NEYMOND. De ce mariage sont issus :

I. PIERRE CHESNE, qui suit ;

II. Jacques Chesne.

III. René Chesne, qui épousa Mathine Dunet, dont il eut :

    1. Simon Chesne, qui devint conseiller du roi, lieutenant particulier et assesseur civil et criminel au siége royal du Dorat. Il laissa en mourant des legs à l'hôpital de cette ville et à l'église de Saint-Fran-

çois de Fougeret, appelée *de la Raslerie*[1]. Il fut le fondateur du couvent des Récollets du Dorat.

2. Guillaume Chesne, sieur d'Escurat et du Pescher, qui épousa le 14 février 1592 Marguerite Raymond, fille de François Raymond et de Galienne Feydeau. Il mourut sans postérité en 1631.

3. Marie Chesne.

II. PIERRE CHESNE, SIEUR DE la BUSSIÈRE, fils aîné de Pierre Chesne et de Catherine Neymond. Il épousa en premières noces MADELEINE COUSSAUD, et en secondes noces JEANNE DE LAMOTTE. Il eut de cette dernière :

I. NICOLAS CHESNE, qui suit ;

II. Marie Chesne, qui épousa le 11 novembre 1602 Léonard, fils de Pierre Daniel et de Marie du Chalard.

III. NICOLAS CHESNE, SIEUR DE la BUSSIÈRE. Il épousa le 25 juillet 1601 MARIE, fille de Jacques DURIVAUD et de Anne Faulconnier.

Effrayé de la peste qui sévit au Dorat en 1631, il se retira en son lieu noble du Vignaud, paroisse d'Oradour Saint-Genest, où il fit le 25 septembre de ladite année un testament contenant des

---

1. Le couvent des Cordeliers de la Raslerie, paroisse de Queaux, entre Lussac-les-Châteaux et l'Isle-Jourdain, fut fondé le 8 décembre 1416 par Guy Frottier, seigneur de la Messelière (Rec. de D. Fonteneau, t. 24, p. 157).

legs au profit de l'hôpital et des Pères Récollets du Dorat[1]. Il mourut le 3 novembre 1634, laissant de son mariage avec Marie Durivaud :

I. SIMON CHESNE, qui suit ;

II. Anne Chesne, qui épousa Christophe de Bersac.

III. Marguerite Chesne, qui épousa François de Lézignac, conseiller du roi et son procureur en la Basse-Marche.

IV. SIMON CHESNE, SIEUR DE la BUSSIÈRE, avocat et procureur fiscal au siége royal du Dorat.

Il épousa le 18 septembre 1633 CATHERINE SORNIN, veuve de Jacques Brujas, sieur de Lage-Malcouronne, substitut du procureur du roi, et fille de Guillaume Sornin, avocat et procureur du roi au siége royal du Dorat, et de Renée Rampion. Il en eut trois enfants :

I. FRANÇOIS CHESNE, qui suit ;

II. Joseph Chesne, qui étudia en l'université de Poitiers et entra dans les ordres. Il mourut en décembre 1702, chanoine du Dorat.

III. Marguerite Chesne.

Veuf de Catherine Sornin, Simon Chesne épousa le 14 septembre 1647 Silvine de Montbel, veuve de Renée Bléreau,

---

1. Papiers de la famille Chesne.

écuyer, sieur de Grassevault. Il mourut au Dorat le 18 août
1676.

V. FRANÇOIS CHESNE, sieur du MAZEIX, avocat et procureur
fiscal au siége royal du Dorat et juge châtelain d'Adriers. Il
épousa le 19 août 1659 FRANÇOISE NEYMOND, fille de Simon
Neymond, sieur du Pin, notaire royal au Dorat, qui lui donna
plusieurs enfants :

I. Simon Chesne qui suit ;

II. Catherine Chesne, qui épousa en premières noces Jean
Donnet, sieur de la Borderie, et en secondes noces Pierre Junien,
sieur de Pontneuf, lieutenant de cavalerie au régiment de
Marsillac

III. François Chesne, chanoine du Dorat, mort le 18 septembre
1693.

Veuf de Françoise Neymond, FRANÇOIS CHESNE, sieur du
MAZEIX, se maria à LOUISE LAUSMONIER, dont il eut :

IV. Joseph Chesne.

V. Fleurent Chesne, qui épousa Marguerite Savin.

VI. Marie Chesne, qui épousa Jean-Baptiste Mireil, notaire à
Plaisance.

VI. SIMON CHESNE, né le 20 septembre 1661, de François
Chesne et de Françoise Neymond. Il eut pour parrain Simon
Neymond et pour marraine Marguerite Chesne.
Après avoir servi dans les armées du roi, il revint au Dorat, où

il épousa ANNE, fille de Pierre LAJOUX et de Marie Anceaulme. Il mourut laissant de ce mariage :

JACQUES CHESNE, qui suit ;

VII. JACQUES CHESNE, né le 8 février 1704. Il eut pour parrain Jacques Teytaud, chanoine du Dorat, et pour marraine Fran-çoise de Bersac.

Il fit d'excellentes études chez les Jésuites de Limoges, ainsi que l'atteste un certificat du R. P. Chauvet en date du 3 juin 1722.

Après avoir passé plusieurs années au service du roi, il dut, sur les instances de son père, renoncer à la carrière militaire.

Licencié de la faculté de droit de Poitiers le 8 avril 1730, il fut reçu avocat au siége royal du Dorat le 4 septembre de la même année. Il prit, avec beaucoup d'à-propos, pour texte de son dis-cours d'installation, l'ancien adage des juristes : *cedant arma togæ* [1].

Il épousa le 3 mai 1731 CATHERINE, fille de Laurent de la BUSSIÈRE et de Catherine Boutinon. Il mourut au Dorat le 2 avril 1783, laissant plusieurs enfants :

I. Marie Chesne, née le 29 mai 1733. Elle eut pour parrain Fran-çois de la Bussière, curé d'Oradour Saint-Genest, et pour mar-raine Marie Lajoux.

II. Geneviève-Jeanne Chesne, née en 1734. Elle eut pour parrain

---

1. Papiers de la famille Chesne.

François Boutinon, juge de Darnac, et pour marraine Jeanne Lajoux, religieuse de la Trinité. Elle mourut en 1757.

III. Marie Chesne, née le 5 septembre 1735. Elle eut pour parrain Jean Sandemoy, doyen des avocats du Dorat, et pour marraine Marie Vacherie.

IV. Marguerite Chesne, née le 19 octobre 1737. Elle eut pour parrain Antoine Aubugeois, sieur de la Ville du Bost, et pour marraine Marguerite Vacherie. Elle mourut au Dorat le 13 juillet 1758.

V. Anne Chesne, née le 2 décembre 1738. Elle eut pour parrain Fleurent de Lacoux et pour marraine Anne Vacherie.

VI. Joseph Chesne, né le 11 février 1742. Il eut pour parrain Joseph Vételay de Montgomard, chanoine et curé du Dorat, et pour marraine Catherine Bosse, épouse de Jean Neymond, sieur de Villemazeix, avocat au Dorat.

VII. Gabriel-Benoît Chesne, né le 19 mai 1743. Il eut pour parrain Gabriel de la Bussière et pour marraine Marguerite Vacherie.

VIII. GUY-THÉOBALD CHESNE, qui suit ;

IX. Jeanne-Rose Chesne, née le 27 juin 1747. Elle eut pour parrain Pierre Dujardin et pour marraine Jeanne Maurat.

X. Antoine Chesne des Maisons. Il entra dans les ordres et fut chanoine du Dorat.

Après la suppression du Chapitre, il fut appelé à la cure de

Blanzac, qu'il desservit jusqu'à sa mort arrivée le 5 pluviôse an XIII.

Antoine Chesne des Maisons figura comme témoin dans le procès-verbal constatant l'authenticité des reliques des Saints du Dorat, qui fut dressé sur l'ordre de Mgr Marie-Philippe Dubourg, évêque de Limoges, le 5 octobre 1802 [1].

VIII. GUY-THÉOBALD CHESNE, qui naquit au Dorat le 3 janvier 1746. Il eut pour parrain Guy-Théobald Junien, chanoine du Dorat, et pour marraine Marie Lesterpt. Il fit, comme son père, d'excellentes études chez les Jésuites de Limoges, ainsi qu'il résulte d'un certificat du R. P. Lasseyrie en date du 26 avril 1762. Il obtint le titre de licencié de la faculté de droit de Poitiers le 28 mai 1778 et fut avocat au siége royal du Dorat. Il remplit aussi la charge de receveur et contrôleur au bureau des consignations de la Basse-Marche.

Il mourut au Dorat le 6 décembre 1790, laissant de son mariage avec MARIE-MICHELLE SAVARD DE LA DAUGERIE :

PIERRE-JACQUES CHESNE, qui suit :

IX. PIERRE-JACQUES CHESNE naquit au Dorat le 7 mars 1784. Il eut pour parrain Pierre Lajoux, chanoine du Dorat, et pour marraine Anne Coussaud du Chassein. Il épousa MARIE-JULIE MONTAUDON DES FOUGÈRES, dont il eut :

1. JEAN-BAPTISTE-BENJAMIN CHESNE, né au Dorat le 6 avril 1812. Il a eu de son mariage avec JEANNE THÉOLINDE LESTERPT DE BEAUVAIS, une fille :

---

1. *Vies de saint Israël et de saint Théobald*, par l'abbé Rougerie, p. 271.

Mlle JUSTINE CHESNE, qui a épousé M. ADRIEN JARDEL, chef d'escadron hors cadres, commandant le dépôt de remonte de Fontenay-le-Comte, chevalier de la Légion-d'Honneur.

II. GUY-THÉOBALD-EMMANUEL CHESNE, né au Dorat le 4 août 1814.

III. MARIE-FÉLICIE CHESNE, née au Dorat le 27 avril 1817, épouse de M. SILVAIN-LAURENT ROBERT.

www.ingramcontent.com/pod-product-compliance
Lightning Source LLC
Chambersburg PA
CBHW070912280326
41934CB00008B/1694